MARKETING 5.0

PHILIP KOTLER
HERMAWAN KARTAJAYA
IWAN SETIAWAN

MARKETING 5.0

TECNOLOGIA PARA A HUMANIDADE

SEXTANTE

Título original: *Marketing 5.0*

tradução: André Fontenelle
preparo de originais: Raïtsa Leal
revisão: Luis Américo Costa e Rita Godoy
capa: Paul McCarthy
adaptação de capa e diagramação: Ana Paula Daudt Brandão
imagem de capa: © Oxygen / Getty Images
impressão e acabamento: Lis Gráfica e Editora Ltda.

CIP-BRASIL. CATALOGAÇÃO NA PUBLICAÇÃO
SINDICATO NACIONAL DOS EDITORES DE LIVROS, RJ

K88m

Kotler, Philip, 1931-
Marketing 5.0 : tecnologia para a humanidade / Philip Kotler, Hermawan Kartajaya, Iwan Setiawan ; [tradução André Fontenelle]. - 1. ed. - Rio de Janeiro : Sextante, 2021.
256 p. ; 23 cm.

Tradução de: Marketing 5.0
ISBN 978-65-5564-240-7

1. Marketing. 2. Marketing na Internet. 3. Tecnologia da informação - Administração. 4. Inteligência artificial. I. Kartajaya, Hermawan. II. Setiawan, Iwan. III. Fontenelle, André. IV. Título.

21-73349 CDD: 658.8
CDU: 658.8

Camila Donis Hartmann - Bibliotecária - CRB-7/6472

Rua Voluntários da Pátria, 45 – 14º andar – Botafogo
22270-000 – Rio de Janeiro – RJ
Tel.: (21) 2538-4100
E-mail: atendimento@sextante.com.br
www.sextante.com.br

O objetivo do marketing é sempre melhorar a vida das pessoas e contribuir para o bem comum.

– Philip Kotler

A todos os asiáticos, em especial meus irmãos e irmãs da Federação Asiática de Marketing. Nós, da MarkPlus, Inc., sentimos um grande orgulho em colaborar com Philip Kotler desde 1998 como laboratório de conhecimento para vários livros, inclusive a série Marketing X.0.

– Hermawan Kartajaya

Dedicado à memória carinhosa de minha mãe, Shinta, e de minha filha, Keyvlin, que faleceram durante a redação deste livro. Agradeço a minha família – meu pai, Setiawan, minha irmã, Sisca, minha esposa, Louise, e meu filho, Jovin – pelo amor e carinho infinitos.

– Iwan Setiawan

Sumário

Parte IV

As novas táticas para alavancar a tecnologia de marketing

Parte I
Introdução

1 | Bem-vindo ao Marketing 5.0

Tecnologia para a humanidade

Escrevemos o primeiro volume desta série, *Marketing 3.0 – As forças que estão definindo o novo marketing centrado no ser humano*, em 2009. Desde então, o livro foi traduzido para 27 línguas e publicado em diversos países. Como sugere o subtítulo, o livro trata da enorme transição do marketing centrado no produto (1.0) para o marketing voltado para o consumidor (2.0) e deste para o marketing centrado no ser humano (3.0).

No Marketing 3.0, o consumidor busca nas marcas que escolhe não apenas uma satisfação funcional e emocional, mas também gratificação espiritual. Por conta disso, as empresas constroem a diferenciação com base em valores. Seus produtos e sua operação objetivam não apenas gerar lucro, mas também proporcionar soluções para os mais complicados problemas sociais e ambientais do mundo.

Foram necessários quase 70 anos para o marketing evoluir do foco no produto para o conceito de centralidade humana. Durante essas décadas de evolução, vários conceitos resistiram ao teste do tempo. Apesar da natureza "tradicional", o conceito de segmentação/seleção de mercados-alvo/posicionamento e também o modelo dos

4Ps (produto-preço-ponto de venda-promoção) se tornaram marcos universais para os profissionais de marketing modernos.

Desde sempre consideramos o Marketing 3.0 como o estágio final do marketing tradicional. Com ele, ficaram completos os blocos de construção de um serviço intelectual (1.0), emocional (2.0) e espiritual (3.0) ao cliente. Embora tenha sido publicado uma década atrás, a relevância desse livro se tornou mais evidente na era atual, dominada pelas gerações Y e Z. Por se importarem de modo genuíno com a sociedade, esses jovens basicamente forçaram as empresas a incorporar o impacto social a seu modelo de negócios.

Marketing 4.0: a passagem para o digital

Quando escrevemos o livro seguinte da série, *Marketing 4.0 – Do tradicional ao digital*, em 2016, fizemos a transição, estabelecendo a diferença entre "marketing no mundo digital" e "marketing digital". O marketing no mundo digital não se baseia apenas em mídias e canais digitais. Ainda existe um fosso digital que separa aqueles que têm acesso à internet dos que não têm, por isso o marketing exige uma abordagem "onicanal", isto é, tanto on-line quanto off-line. Trata-se de um conceito inspirado, em parte, na Indústria 4.0 – estratégia de alto desempenho do governo alemão –, na qual sistemas físico-digitais são utilizados pelo setor industrial.

Embora o uso de tecnologia no Marketing 4.0 seja relativamente simples, o livro apresentou novas ferramentas de marketing para servir o cliente nos pontos de contato híbridos – físicos e digitais – ao longo de sua jornada. A obra foi publicada em 24 línguas e inspirou empresas a incorporar formas básicas de digitalização às atividades de marketing.

As aplicações da tecnologia de marketing (*martech*), porém, vão muito além da simples distribuição de conteúdo nas mídias sociais ou da construção de uma presença onicanal. A inteligência artificial (IA), o processamento de linguagem natural (PLN), a tecnologia sensorial e a internet das coisas (IoT) têm enorme potencial de revolucionar o jogo das práticas de marketing.

Deixamos essas tecnologias de fora de *Marketing 4.0* porque ainda não eram prática corrente na época em que o livro foi escrito. Além disso, acreditávamos que os profissionais da área ainda estavam no período de transição e adaptação ao mundo digital. No entanto, a pandemia de covid-19 acelerou a digitalização dos negócios. Com o estabelecimento de *lockdowns* e políticas de distanciamento físico, tanto os mercados quanto os profissionais de marketing foram forçados a se adaptar a essa nova realidade digital e sem contato.

É por isso que acreditamos ser este o momento certo para *Marketing 5.0 – Tecnologia para a humanidade*. É hora de as empresas liberarem plenamente a força das tecnologias avançadas em suas estratégias, táticas e operações de marketing. Este livro também se inspira, em parte, na Sociedade 5.0 – uma iniciativa japonesa de ponta –, que inclui um mapa para a criação de uma sociedade sustentável, baseada em tecnologias inteligentes. Concordamos que a tecnologia deve ser alavancada para o bem da humanidade. O Marketing 5.0, portanto, possui tanto os elementos de centralidade humana do Marketing 3.0 quanto o empoderamento tecnológico do Marketing 4.0.

É hora do Marketing 5.0

O Marketing 5.0 se materializa tendo como pano de fundo três grandes desafios: o abismo entre gerações, a polarização da prosperidade e o fosso digital. É a primeira vez na história que cinco gerações vivendo juntas no planeta têm atitudes, preferências e comportamentos contrastantes. Os baby boomers e a geração X ainda detêm a maior parte das posições de liderança nos negócios e o maior poder aquisitivo relativo. Mas as gerações Y e Z, mais digitais, já representam a maior parte da força de trabalho, bem como os maiores mercados consumidores. A desconexão entre os executivos mais velhos das empresas, que tomam a maior parte das decisões, e seus gerentes e clientes mais jovens vai se revelar um obstáculo significativo.

Os profissionais de marketing também vão se deparar com uma desigualdade crônica e um desequilíbrio na distribuição da riqueza, o que leva a uma polarização dos mercados. A classe mais alta, com os empregos mais bem remunerados, cresce e alimenta o mercado de luxo. Na outra ponta, a base da pirâmide também está se expandindo, tornando-se um grande mercado de massa para produtos de valor com baixo custo. O mercado existente entre esses extremos, porém, está encolhendo e até desaparecendo, forçando os atores do setor a se moverem para o alto ou para baixo a fim de sobreviver.

Além disso, os profissionais de marketing precisam encontrar uma solução para o fosso digital entre aqueles que acreditam no potencial trazido pela digitalização e aqueles que não acreditam. A digitalização trouxe o medo do desconhecido, com a ameaça de perda de empregos e o receio quanto à violação da privacidade. Por outro lado, trouxe a promessa de crescimento exponencial e uma vida melhor para a humanidade. As empresas precisam romper essa barreira para garantir que os avanços tecnológicos levem ao progresso sem que sejam recebidos com ressentimento. Esses desafios enfrentados pelos profissionais de marketing na implementação do Marketing 5.0 no mundo digital serão o tema da Parte 2 deste livro (Capítulos 2-4).

O que é o Marketing 5.0?

O Marketing 5.0 é, por definição, a aplicação de tecnologias que mimetizam o comportamento humano para criar, comunicar, entregar e aumentar o valor ao longo da jornada do cliente. Um dos temas cruciais do Marketing 5.0 é o que chamamos de *next tech*, um grupo de tecnologias utilizadas para emular as capacidades do profissional de marketing humano. Isso inclui IA, PLN, sensores, robótica, realidade aumentada (RA), realidade virtual (VR), internet das coisas (IoT) e *blockchain*. Uma combinação dessas tecnologias é o que torna possível o Marketing 5.0.

Durante muitos anos a IA foi desenvolvida para replicar as habilidades cognitivas humanas, sobretudo a de aprender a partir de dados não estruturados de consumo, identificando ideias que pudessem ser úteis para os profissionais de marketing. Quando combinada com outras tecnologias "possibilitadoras", a IA também pode ser utilizada para proporcionar a oferta precisa ao cliente certo. A análise de big data permite que o profissional de marketing personalize sua estratégia de marketing para cada cliente – um processo conhecido como marketing de "segmentos de um". Hoje, mais do que nunca, essa prática se tornou corrente.

Observe alguns exemplos de Marketing 5.0. Com o aprendizado de máquina de IA, as empresas podem avaliar se um produto novo, com determinadas características, tem probabilidade de dar certo utilizando um algoritmo preditivo. Dessa forma, o profissional de marketing pode economizar várias etapas no processo de desenvolvimento de novos produtos. Na maioria dos casos, essas previsões são mais precisas do que a pesquisa retroativa de mercado e geram ideias mais rapidamente do que os dispendiosos testes de conceito. A PepsiCo, por exemplo, lança regularmente novas bebidas com base em uma análise aprofundada das conversas dos consumidores nas redes sociais.

A IA também pode ajudar a revelar padrões de consumo úteis para os e-varejistas recomendarem os produtos e conteúdos corretos a *clusters* (grupos homogêneos) de clientes com base em seu perfil. Os motores de recomendação são a diferenciação crucial dos atores do e-commerce e outros negócios digitais, como Amazon, Netflix e YouTube. Eles analisam continuamente o histórico de compras para criar uma segmentação dinâmica e determinar o perfil dos clientes a fim de identificar relações ocultas entre produtos aparentemente não relacionados, viabilizando ações de *up-selling* (quando o cliente é estimulado a levar um produto mais caro do que aquele que pretendia comprar) e *cross-selling* (quando ele é estimulado a levar um produto que complementa a compra inicial).

Algumas empresas de setores distintos, como a AB InBev, o banco Chase e a Lexus, alavancam a IA para desenvolver publicidade com envolvimento mínimo de pessoal humano. A AB InBev, empresa que produz as cervejas Budweiser e Corona, monitora o desempenho de diferentes posicionamentos publicitários e alimenta a equipe criativa com as conclusões resultantes para gerar anúncios mais eficazes. O Chase optou por um motor de IA em vez de um redator humano para redigir textos publicitários para banners digitais. A Lexus analisou campanhas premiadas dos últimos 15 anos, principalmente no mercado de luxo, para criar um novo anúncio de televisão para o novo ES. Com o roteiro inteiramente escrito por IA, a empresa contratou um diretor ganhador do Oscar para rodar o comercial.

A implementação do Marketing 5.0 não se limita a processos internos. Combinada com PNL, sensores e robótica, a IA pode auxiliar os profissionais de marketing na relação direta com o cliente. Uma das aplicações mais populares são os *chatbots* dos serviços de atendimento. Diante de desafios de recursos humanos, como a sociedade que envelhece e os custos crescentes, várias empresas também usam robôs e outros recursos automatizados para substituir o pessoal da linha de frente. A Nestlé japonesa, por exemplo, utiliza robôs turbinados por IA para servir café. A rede de hotéis Hilton, nos Estados Unidos, fez experiências com um robô atendente, ao passo que a rede de supermercados Tesco, no Reino Unido, pretende substituir os caixas por câmeras de reconhecimento facial.

Com sensores e IoT, os varejistas podem replicar a experiência digital nos ambientes físicos. Em uma loja do varejo, por exemplo, uma tela de reconhecimento facial pode fazer uma estimativa do perfil demográfico do cliente e oferecer as promoções apropriadas. Os *coolers* digitais da Walgreens são um exemplo disso. Aplicativos de realidade aumentada, como os utilizados pela Sephora ou pela IKEA, permitem que o cliente experimente os produtos antes de se comprometer com a compra. A Macy's e a Target usam sensores para orientação dentro das lojas, além de promoções direcionadas.

Algumas dessas tecnologias aplicadas podem parecer fantasiosas e até intimidantes para os profissionais de marketing. Mas estamos começando a perceber quão acessíveis – tanto em termos de disponibilidade quanto de custo – essas tecnologias se tornaram nos últimos anos. O Google e a Microsoft disponibilizam plataformas de inteligência artificial de código aberto para empresas. Existem muitas opções de programas de análise de dados baseados na nuvem acessíveis por meio de assinatura mensal. Os profissionais de marketing também podem escolher entre uma ampla gama de plataformas amigáveis criadoras de *chatbots*, facilmente operadas até por quem não entende de tecnologia.

Exploraremos o Marketing 5.0 a partir de uma perspectiva estratégica de alto nível. Vamos tratar da utilização da *martech* avançada até certo ponto, mas este não é um manual técnico. Nosso princípio é que a tecnologia tem que estar a serviço da estratégia. Os conceitos de *Marketing 5.0*, portanto, são neutros em relação às ferramentas. As empresas podem implementar seus métodos com qualquer hardware ou software disponível no mercado. O ponto-chave é que as empresas precisam de profissionais de marketing que entendam como projetar uma estratégia que aplique a tecnologia correta para as várias situações de uso do marketing.

Apesar da discussão aprofundada sobre tecnologia, é importante ter em mente que a humanidade deve continuar sendo o foco central do Marketing 5.0. A tecnologia do futuro é aplicada para ajudar os profissionais de marketing a criar, comunicar, entregar e aumentar o valor ao longo da jornada do cliente. O objetivo é criar uma nova experiência do cliente (CX, do inglês *customer experience*) isenta de atrito e convincente (ver Figura 1.1). Para isso, as empresas precisam alavancar uma simbiose equilibrada entre a inteligência humana e a do computador.

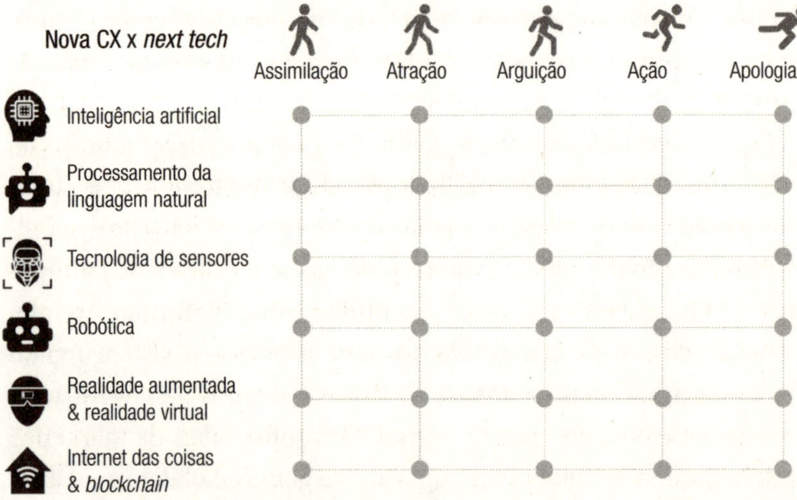

Figura 1.1 As *next techs* ao longo da nova experiência do cliente (CX)

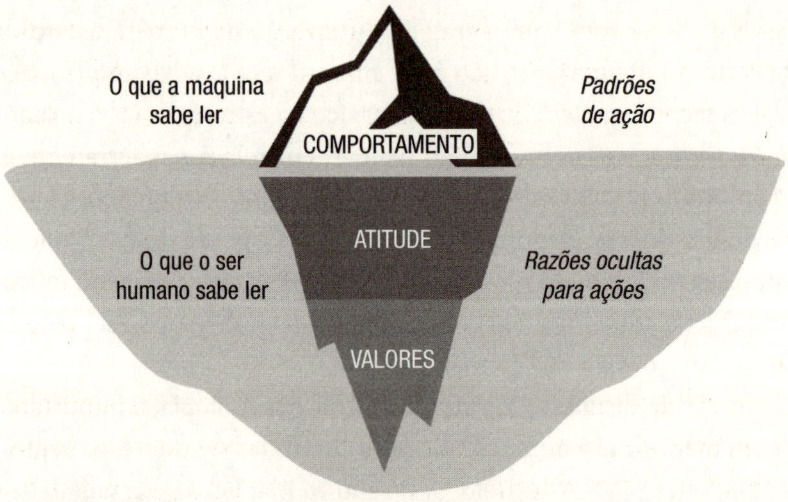

Figura 1.2 Como o ser humano adiciona valor ao marketing tecnológico

A IA tem a capacidade de descobrir padrões antes ignorados do comportamento do cliente a partir de montanhas de dados. Apesar desse poder computacional, só um ser humano consegue entender outro ser humano. Do profissional de marketing humano exige-se que filtre e interprete os motivos subjacentes das atitudes do cliente (ver Figura 1.2). A razão disso é que a inteligência humana, embora altamente contextual, é difusa. Ninguém sabe como os profissionais experientes de marketing obtêm insights e constroem seu conhecimento. E os especialistas em tecnologia não conseguiram criar uma máquina capaz de se conectar com o cliente no nível humano.

Como não podemos ensinar ao computador coisas que não sabemos como aprender, o papel do profissional de marketing humano continua crucial no Marketing 5.0. A discussão central neste livro, portanto, gira em torno da decisão de onde máquinas e pessoas se encaixam melhor e proporcionam mais valor ao longo da jornada do cliente.

A Parte 3 vai discutir isso em detalhes e será útil no estabelecimento das bases adequadas para os profissionais de marketing antes que eles tenham que cuidar das aplicações na prática. O Capítulo 5 ajuda as empresas a avaliar até que ponto estão prontas para o uso de ferramentas digitais avançadas. Além disso, o Capítulo 6 vai ajudar os profissionais de marketing a se acostumarem com a *next tech*, pois contém uma introdução sobre o assunto. Por fim, o Capítulo 8 discute uma lista completa de casos práticos comprovadamente bem-sucedidos na nova CX.

Como a tecnologia pode turbinar o marketing

A ascensão do marketing das mídias sociais e do marketing dos mecanismos de busca – assim como o crescimento exponencial do e-commerce – apresentou aos profissionais de marketing os benefícios da digitalização. Mas o marketing no contexto digital é muito mais do que fazer os clientes migrarem para canais digitais ou gastar mais em mídias digitais. A tecnologia digital pode revolucionar o modo como o profissional de marketing faz seu trabalho. Existem cinco maneiras pelas quais a tecnologia pode impulsionar as práticas de marketing:

1. Tomar decisões mais informadas com base em big data.
O maior subproduto da digitalização é o big data. No contexto digital, todo ponto de contato com o cliente – transação, ligação para a central de atendimento e troca de e-mails – fica registrado. Além disso, o cliente deixa pegadas toda vez que navega pela internet e posta alguma coisa nas redes sociais. Deixando de lado as preocupações em relação à privacidade, trata-se de uma montanha de ideias a explorar. Com uma fonte de informações tão rica, os profissionais de marketing podem estabelecer o perfil do cliente em nível individual e granular, permitindo um marketing em escala cara a cara.

2. Prever resultados de estratégias e táticas de marketing.
Nenhum investimento de marketing é uma aposta garantida. Mas a ideia de calcular o retorno de toda e qualquer ação de marketing facilita a mensuração dos resultados. Com a análise de dados por inteligência artificial, agora os profissionais da área têm como prever resultados antes mesmo do lançamento de novos produtos ou novas campanhas. O modelo preditivo tem como objetivo detectar padrões de iniciativas de marketing anteriores, compreendendo o que dá certo e, com base nesse conhecimento, recomendar projetos otimizados em campanhas futuras. Esse modelo permite que os profissionais de marketing se mantenham à frente da curva sem que as marcas corram perigo de possíveis fracassos.

3. Trazer para o mundo físico a experiência do contexto digital.
O rastreamento da internet permite que o profissional de marketing digital proporcione experiências riquíssimas em contexto, como *landing pages* personalizadas, anúncios com mais relevância e conteúdo customizado. Isso representa para as empresas digitalmente nativas uma vantagem significativa em relação às suas similares "de carne e osso". Hoje os aparelhos e sensores conectados – a internet das coisas – permitem que as empresas levem pontos de contato contextuais

para o espaço físico, equilibrando a concorrência ao mesmo tempo que facilitam uma experiência onicanal contínua. Os sensores permitem que o profissional de marketing identifique quem está entrando nas lojas, proporcionando atendimento personalizado.

4. Aumentar a capacidade dos profissionais de marketing na linha de frente de entregar valor.

Em vez de serem arrastados para o debate do ser humano versus máquina, os profissionais de marketing podem se concentrar na criação de uma simbiose otimizada entre eles mesmos e as tecnologias digitais. A IA, combinada à PLN, pode melhorar a produtividade das operações com clientes físicos ao assumir tarefas de menor valor e capacitar o pessoal da linha de frente. Os *chatbots* podem cuidar de conversas simples em grande quantidade, com resposta instantânea. As empresas de realidade aumentada e realidade virtual entregam produtos envolventes com participação mínima do ser humano. Dessa forma, os profissionais de marketing da linha de frente podem se concentrar na entrega de interações sociais fortemente cobiçadas apenas quando for necessário.

5. Acelerar a execução de marketing.

As preferências dos clientes que vivem conectados mudam o tempo todo, pressionando as empresas a tentar tirar proveito de janelas de oportunidade cada vez menores. Para dar conta de tamanho desafio, elas podem se inspirar na agilidade das práticas de startups, mais enxutas. Essas empresas recorrem muito à tecnologia para realizar rápidas experiências de mercado e validações em tempo real. Em vez de criar produtos e campanhas do zero, as empresas podem implantar plataformas de código aberto e alavancar a criação coletiva para acelerar a chegada ao mercado. Essa abordagem, porém, exige não apenas o apoio da tecnologia, mas também atitude e mentalidade ágeis.

Os cinco componentes do Marketing 5.0

Basicamente, a tecnologia vai possibilitar que o marketing seja direcionado por dados, preditivo, contextual, aumentado e ágil. Considerando o modo como as tecnologias avançadas adicionam valor ao marketing, definimos os cinco componentes fundamentais do Marketing 5.0. Este livro se concentra em três *aplicações* inter-relacionadas: o marketing preditivo, o marketing contextual e o marketing aumentado. Mas essas aplicações se sustentam em duas *disciplinas* organizacionais: o marketing direcionado por dados e o marketing ágil (ver Figura 1.3). A Parte 4 é dedicada à análise desses cinco elementos do Marketing 5.0.

Disciplina número 1: Marketing direcionado por dados

O marketing direcionado por dados é a atividade de coletar e analisar big data de diversas fontes internas e externas, assim como criar um ecossistema de dados para orientar e otimizar as decisões de marketing. Essa é a primeira disciplina do Marketing 5.0: cada decisão deve ser tomada com uma quantidade suficiente de dados disponíveis.

Disciplina número 2: Marketing ágil

O marketing ágil consiste no emprego de equipes descentralizadas e multidisciplinares para conceber, projetar, desenvolver e validar rapidamente produtos e campanhas de marketing. A agilidade organizacional para lidar com um mercado em permanente mutação se transforma na segunda disciplina que as empresas devem dominar para garantir uma implementação bem-sucedida do Marketing 5.0.

Adiante teremos o marketing direcionado por dados abrindo a Parte 4 e sendo discutido no Capítulo 8, ao passo que o marketing ágil será explorado na conclusão, no Capítulo 12. Isso porque acreditamos que, para que as empresas usem as três aplicações do

Marketing 5.0, precisam começar se capacitando para agir com base em dados. No final, o que realmente fará a implementação dar certo ou errado será a agilidade de execução da organização.

Aplicação número 1: Marketing preditivo

O marketing preditivo é o processo de criar e utilizar a análise preditiva – em alguns casos com o uso de aprendizado de máquina – para prever os resultados das atividades de marketing antes mesmo do lançamento. Essa primeira aplicação permite que as empresas visualizem qual será a reação do mercado, influenciando-a de maneira proativa. Esse conceito será analisado no Capítulo 9.

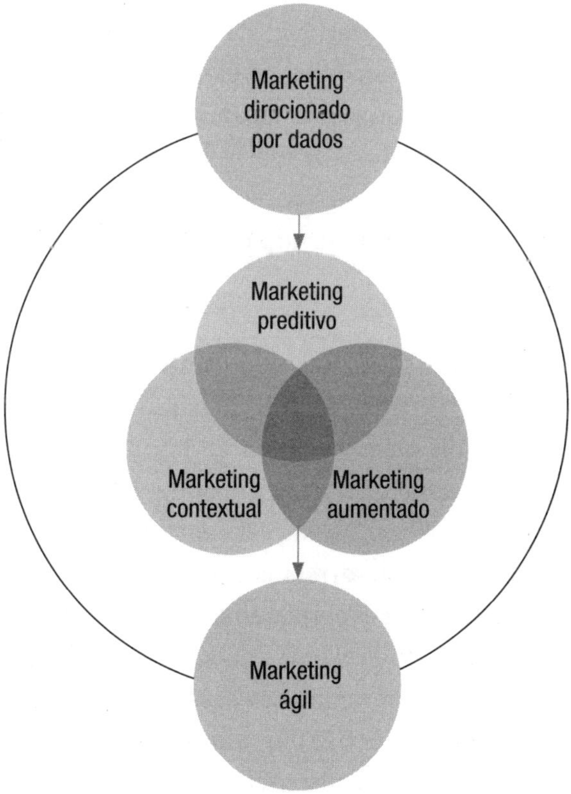

Figura 1.3 Os cinco elementos do Marketing 5.0

Aplicação número 2: Marketing contextual

O marketing contextual é a atividade de identificar, determinar o perfil e proporcionar aos consumidores interações personalizadas por meio do uso de sensores e interfaces digitais no espaço físico. É a espinha dorsal que permite aos profissionais de marketing executar o marketing "um para um" em tempo real, de acordo com o contexto do cliente. Esse conceito será examinado em detalhes no Capítulo 10.

Aplicação número 3: Marketing aumentado

O marketing aumentado é o uso de tecnologia digital para melhorar a produtividade do profissional de marketing que tem contato direto com o cliente. As tecnologias empregadas, como *chatbots* e assistentes virtuais, mimetizam o ser humano. Essa terceira aplicação garante que o profissional de marketing combine a velocidade e a conveniência da interface digital com o calor humano e a empatia dos pontos de contato antropocêntricos. Esse conceito será discutido extensamente no Capítulo 11.

Todas as três aplicações estão interconectadas, e o uso de uma não exclui as demais – pelo contrário. Vejamos o seguinte exemplo: a empresa X cria um modelo de marketing preditivo, projetando qual produto um cliente com determinado perfil demográfico tem maior probabilidade de comprar. Para que esse modelo funcione, a empresa precisa instalar diversos sensores no ponto de venda, entre eles uma câmera de reconhecimento facial conectada a uma máquina digital de autosserviço. Quando o cliente com o perfil demográfico correto se aproxima da máquina, a câmera envia um sinal para a tela, de modo a exibir um anúncio contextual oferecendo o produto recomendado pelo modelo preditivo. O cliente também pode usar a interface digital de modo personalizado. Ao mesmo tempo, porém, a empresa X também disponibiliza, na linha de frente, pessoal capaz de ajudar o cliente quando a opção de autosserviço não for satisfatória.

Resumo: Tecnologia para a humanidade

O Marketing 5.0 se baseia na antropocentricidade do Marketing 3.0 e no poder tecnológico do Marketing 4.0. É definido como o uso de tecnologias que mimetizam o ser humano para criar, comunicar, entregar e aumentar o valor da experiência geral do cliente. Ele começa pelo mapeamento da jornada do cliente, identificando quais tecnologias de marketing (*martechs*) podem adicionar valor e melhorar o desempenho do profissional de marketing humano.

As empresas que aplicam o Marketing 5.0 precisam agir com base em dados desde o pontapé inicial. A criação de um ecossistema de dados é o pré-requisito para a implementação dos usos práticos do Marketing 5.0. Ele permite que o profissional de marketing realize o marketing preditivo, estimando o retorno potencial de qualquer investimento de marketing. Também permite que o profissional entregue marketing personalizado e contextual a cada cliente individual no ponto de venda. Por fim, o profissional de marketing da linha de frente pode criar uma interface contínua (*seamless*) com o cliente usando o marketing aumentado. Todos esses elementos de execução exigem agilidade corporativa para proporcionar uma resposta em tempo real às transformações do mercado.

PERGUNTAS PARA REFLEXÃO

- A implementação de tecnologias digitais em sua organização vai além do marketing nas redes sociais e do e-commerce?
- Quais são as tecnologias avançadas que você imagina que agregariam valor à sua organização?

Parte II

Os desafios para os profissionais de marketing no mundo digital

2 O abismo entre gerações

Marketing para baby boomers e as gerações X, Y, Z e Alfa

Uma gerente assistente de marketing de 25 anos foi escalada para criar um anúncio impresso para um produto novo dirigido aos millennials. Após realizar entrevistas com uma amostra de clientes em potencial, ela produziu um anúncio belíssimo, com visual atraente e uma frase curta acompanhada de um link para um site como chamada para a ação. O que ela não esperava era que seu gerente de marketing, de 50 anos, fosse reclamar da falta de detalhes sobre características, vantagens e benefícios do produto naquele anúncio. Por achar que o gerente não compreendia a abordagem de marketing minimalista voltada para os millennials, ela pediu demissão – confirmando, ironicamente, a ideia preconcebida do gerente de que os subordinados mais jovens são avessos a críticas.

Descompassos entre gerações como esse têm acontecido em muitas organizações. No mundo inteiro os profissionais de marketing se deparam com o desafio de atender cinco gerações diferentes: os baby boomers, as gerações X, Y e Z e a geração Alfa. As quatro primeiras compõem a atual força de trabalho. A maioria dos baby boomers ainda está atuante no mercado, mas atualmente é a geração X que detém a maior parte dos postos de liderança em todo o planeta. A geração Y representa a maior fatia da força de trabalho, ao passo que a geração Z é a que mais contribui com novatos. São gerações com níveis diferentes de domínio das tecnologias. Observar esse mercado pela lente geracional vai ajudar os profissionais de marketing a compreender melhor de que forma implementar o Marketing 5.0 tendo em vista as novas tecnologias.

Os desafios de atender diferentes gerações

Cada geração é moldada por um ambiente sociocultural e uma experiência de vida diferentes. Vejamos, por exemplo, a geração X. Ela cresceu com menos presença paterna e materna, seja porque os pais se divorciaram, seja porque ambos trabalhavam fora. No início da idade adulta, sofreu a influência cultural dos clipes da MTV. Em consequência, a geração X dá mais valor ao equilíbrio entre vida profissional e pessoal do que as gerações anteriores e é considerada mais independente e criativa. Na idade adulta, conheceu o mundo sem e com a internet – o que lhe permite adaptar-se bem tanto ao ambiente de trabalho tradicional quanto ao digital.

Cada geração também tem preferências e atitudes distintas em relação a produtos e serviços – o que leva os profissionais de marketing a reagir com diferentes ofertas, experiências do cliente e até modelos de negócios. A geração Y, por exemplo, dá mais importância à experiência do que à posse. Prefere andar de Uber a ter um carro. Essa preferência levou à ascensão de todo tipo de serviço sob demanda. Os modelos de negócios também evoluíram da venda de produtos para a venda de assinaturas. A geração Y prefere o *streaming* no Spotify à compra de um álbum ou CD do seu artista preferido.

Apesar da compreensão das necessidades distintas de gerações diferentes, a maioria das empresas não se encontra bem posicionada para atender a todas. Muitas vezes as companhias estão presas a um portfólio rígido de produtos e serviços, que não permite customização para cada geração. Isso as força a atender apenas duas ou três gerações ao mesmo tempo. As companhias também sentem dificuldade de adaptar-se ao ciclo de vida mais curto dos produtos, ensejado pela constante mutação das necessidades e dos desejos das gerações mais jovens. Muitas empresas, de todo tipo de setor – automotivo, eletrônicos, alta tecnologia, bens processados, moda –, sentem a pressão para desenvolver novos produtos rapidamente, tirando proveito de janelas bem curtas.

A *seleção de mercados-alvo* também cria um dilema, já que a maior parte do valor continua a ser criada quando as marcas atendem os baby boomers e a geração X – com sua abundância de recursos e elevada disposição para gastar. Mas a maior parte do valor das marcas é criada quando estas são endossadas pelas gerações Y e Z – com o fator da influência e do conhecimento digital. E, o mais importante, as gerações Y e Z estão começando a influenciar os pais baby boomers e a geração X em muitas decisões de compra. As empresas precisam encontrar o equilíbrio entre dois objetivos: maximizar a criação de valor no presente e começar a posicionar as marcas para o futuro.

As cinco gerações

Acreditamos que cada cliente é único e que, com apoio tecnológico, o marketing um dia se tornará "um para um" – isto é, movido pela customização e pela personalização em nível individual. No futuro os profissionais de marketing atenderão segmentos de um só cliente, cada um com um conjunto próprio de preferências e comportamentos. No entanto, é útil analisar a direção geral da evolução do marketing observando o mercado *mainstream* que as empresas atenderão no futuro. Compreender a transformação demográfica coletiva do mercado é a maneira mais fundamental de prever para onde o marketing está se dirigindo.

A fatia geracional é uma das formas mais populares de segmentação do mercado de massa. A premissa é que as pessoas que nasceram e cresceram no mesmo período vivenciaram os mesmos eventos significativos. Compartilham, assim, as mesmas experiências socioculturais e apresentam maior probabilidade de ter o mesmo conjunto de valores, atitudes e comportamentos. Atualmente, cinco grupos geracionais coexistem: os baby boomers, as gerações X, Y e Z e a geração Alfa (ver Figura 2.1).

Baby boomers: uma potência econômica que envelhece

Os baby boomers nasceram entre 1946 e 1964. O termo *baby boom* se refere à alta taxa de natalidade nos Estados Unidos – e em várias outras partes do mundo – que se seguiu ao fim da Segunda Guerra Mundial. Com a segurança e o crescimento econômico do pós-guerra, muitos casais resolveram ter filhos, que se tornaram o principal mercado-alvo do marketing na época.

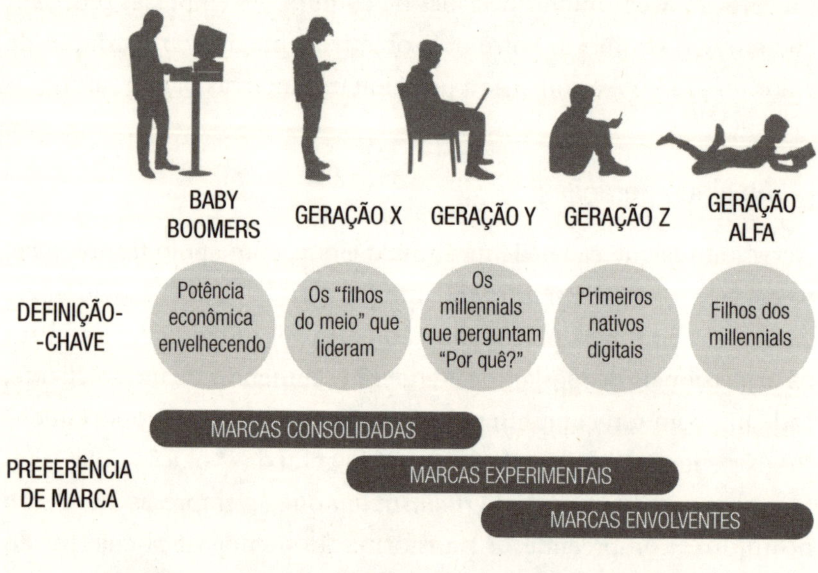

Figura 2.1 As cinco gerações e suas marcas preferidas

Os primeiros boomers, que eram bem jovens nos prósperos anos 1960, cresceram em famílias relativamente abastadas. Sua adolescência, porém, foi atravessada pelas tensões sociopolíticas da década. Em consequência, costumam ser associados ao movimento da contracultura nos Estados Unidos e em outros países ocidentais. Muitos conceitos antiestablishment, como o ativismo social, o ambientalismo e o estilo de vida hippie, surgiram nessa época. O movimento da contracultura foi reforçado pelo advento da televisão e da publicidade, assim como pelo movimento da Nova Hollywood no cinema.

Ao contrário dos primeiros boomers, os boomers tardios – também conhecidos nos Estados Unidos como "Geração Jones" – viveram dificuldades econômicas durante a adolescência, nos turbulentos anos 1970. Com ambos os pais trabalhando, tinham uma vida mais independente e precisaram trabalhar mais no início da carreira. Essa subgeração dentro dos baby boomers foi precursora da geração X, com a qual compartilha muitas características.

Pelo tamanho absoluto e por causa do *boom* econômico americano do pós-guerra na época em que estavam crescendo, os baby boomers se tornaram uma das maiores potências da economia. Ao longo de várias décadas eles foram o foco dos profissionais de marketing, antes de serem numericamente superados pela geração Y. Atualmente, por terem uma vida mais longeva e saudável, cada vez mais baby boomers adiam a aposentadoria e prolongam a carreira profissional para além dos 65 anos. Ainda ocupando cargos executivos nas empresas, são muito criticados pela geração mais jovem por sua falta de disposição em adotar novas tecnologias e romper com as ideias corporativas preconcebidas.

Geração X: os "filhos do meio" que lideram

A geração X é um grupo demográfico de pessoas nascidas entre 1965 e 1980. Ofuscada e limitada pela notoriedade dos baby boomers e da geração Y, a geração X acabou ficando fora do radar do marketing, sendo por isso chamada de "filhos do meio esquecidos".

Os integrantes da geração X vivenciaram os turbulentos anos 1970 e os incertos anos 1980 na infância e na adolescência, mas ingressaram no mercado de trabalho com uma situação econômica melhor. Identificam-se com o conceito de "amigos e família". Tendo crescido em lares com dois chefes de família ou com pais divorciados, os filhos da geração X passaram menos tempo com a família e interagiram mais com os amigos. Essa forte relação de camaradagem dentro da geração X foi retratada em séries de TV de sucesso da década de 1990, como *Barrados no baile* e *Friends*.

Sendo a fatia "do meio", a geração X experimentou grandes transformações na tecnologia para o consumidor, o que a levou a se tornar altamente adaptável. A geração X cresceu assistindo aos clipes da MTV e ouvindo fitas cassete no Walkman. Na idade adulta, consumiu música ouvindo CDs e MP3, passando depois para o *streaming* de áudio. Testemunhou a ascensão e o declínio do aluguel de DVDs e a passagem para o *streaming* de vídeo. O mais importante é que sua entrada no mercado de trabalho foi marcada pelo crescimento da internet – o que fez dos integrantes dessa geração os adotantes iniciais da conectividade.

Embora seja ignorada pela maioria dos profissionais de marketing, a geração X se tornou uma das mais influentes na atual força de trabalho. Com experiência profissional média de 20 anos e muita disciplina no trabalho, a geração X tomou conta da maior parte dos postos de liderança nas empresas. Por ter encontrado mais dificuldade para subir na hierarquia corporativa, em razão do prolongamento da carreira dos baby boomers, os nascidos na geração X trocaram de emprego na casa dos 40 anos, abrindo negócios próprios e tornando-se empreendedores de sucesso.

Geração Y: os millennials que perguntam "Por quê?"

A geração Y – os nascidos entre 1981 e 1996 – é a fatia mais comentada das últimas décadas. Tendo chegado à idade adulta no novo milênio, passou a ser conhecida como millennials. Nascida em um novo período de *baby boom*, a maior parte da geração Y é filha dos baby boomers. Por isso, nos Estados Unidos também é conhecida como a geração do *Echo Boom*. Em geral, tem grau de instrução mais elevado e maior diversidade cultural do que as gerações anteriores.

Também é a primeira geração fortemente associada ao uso das redes sociais. Ao contrário da geração X, a primeira a usar a internet no trabalho por motivos profissionais, a geração Y travou contato com a internet quando era bem mais jovem. Por isso, desde o começo, abraçou as mídias sociais e outras tecnologias relacionadas à internet para objetivos pessoais.

Nas mídias sociais, é muito aberta a se expressar e costuma se comparar aos pares. Sente a necessidade de validação e aprovação deles. Assim, é fortemente influenciada por aquilo que seus pares dizem e compram. Confia neles mais do que em marcas consolidadas. A geração Y pesquisa e compra muito on-line, sobretudo com o telefone celular. Mas não compra tantos produtos quanto as gerações mais velhas por preferir a experiência à posse. Não foca na acumulação de bens e riqueza, e sim no acúmulo de histórias de vida.

Por causa do grau de instrução mais elevado, da diversidade e da exposição a conteúdos ilimitados, a geração Y tem a mente mais aberta e é mais idealista. Ela questiona tudo, o que a torna mais suscetível a conflitos no local de trabalho com as gerações mais antigas, que esperam que ela obedeça às normas.

Como os pais baby boomers, os millennials costumam ser classificados em duas subgerações. Os millennials mais velhos – aqueles nascidos nos anos 1980 – entraram no mercado de trabalho durante a crise financeira global de 2008 e seus desdobramentos. Por isso, tiveram que sobreviver em um ambiente profissional complicado. Alguns deles acabaram criando a própria empresa. Graças a essa experiência de forte concorrência no trabalho, tendem a separar claramente a vida pessoal da profissional. Já os millennials mais jovens – nascidos nos anos 1990 – encontraram um mercado de trabalho mais favorável. Eles tendem a misturar a vida pessoal com a profissional. Em outras palavras, querem apenas empregos que lhes deem prazer – o trabalho precisa ser gratificante.

A subgeração mais velha é uma "geração-tampão", porque aprendeu a se adaptar tanto ao mundo digital quanto ao físico – exatamente como a geração X que a antecedeu. A subgeração mais jovem, porém, é mais parecida com a geração Z. Por ter adotado a internet muito precocemente, enxerga o mundo digital como uma extensão contínua do mundo físico.

Geração Z: os primeiros nativos digitais

Agora o marketing está voltando suas atenções para a geração Z. Descendente da geração X, a geração Z – também chamada nos Estados Unidos de *Centennials* – é uma fatia da população nascida entre 1997 e 2009. Grande parte dela testemunhou as dificuldades financeiras dos pais e dos irmãos mais velhos, por isso é uma geração mais consciente das questões financeiras do que a geração Y. Tende a economizar dinheiro e a considerar a estabilidade financeira como um fator essencial em suas decisões de carreira.

Nascidos quando a internet já se tornara *mainstream*, são considerados os primeiros nativos digitais. Por não terem experiência de vida sem a internet, consideram as tecnologias digitais um elemento indispensável da vida cotidiana. Estão o tempo todo conectados à internet em seus aparelhos digitais para aprender, ler notícias, fazer compras e acessar as redes sociais. Consomem conteúdo continuamente por múltiplas telas, mesmo em ocasiões sociais. Em consequência, não enxergam praticamente nenhuma fronteira entre o mundo on-line e o off-line.

Empoderada pelas mídias sociais, a geração Z registra a vida cotidiana nas redes sociais sob a forma de fotos e vídeos. No entanto, ao contrário da geração Y, que é idealista, a geração Z é pragmática. Enquanto a primeira gosta de postar imagens selecionadas e filtradas de si mesma para fazer certo marketing pessoal, a segunda prefere retratar versões mais autênticas e sinceras de si mesma. Por conta disso, detesta marcas que disseminam imagens editadas e boas demais para serem verdade.

Por conta da maior disposição para compartilhar informações pessoais do que a observada nas gerações anteriores, a geração Z espera das marcas que elas entreguem conteúdo, ofertas e experiências de consumo personalizados. Também espera que as marcas ofereçam a possibilidade de controlar e customizar o consumo de seus produtos e serviços. Por causa do enorme volume de conteúdo dirigido a ela, a geração Z dá muito valor à conveniência da personalização e da customização.

Como a geração Y, a geração Z se preocupa muito com as transformações sociais e a sustentabilidade ambiental. Em razão de seu pragmatismo, ela tem mais confiança no próprio papel de motor das transformações por meio das decisões cotidianas. Dá preferência a marcas que enfatizem a solução de questões sociais e ambientais. Acredita que suas escolhas de marca forçam as empresas a aprimorar suas práticas sustentáveis. A geração Z também é apaixonada por fazer a diferença por meio do voluntariado e espera que seus empregadores disponibilizem plataformas que permitam praticá-lo.

Essa geração também está em constante busca de engajamento na relação com as marcas. Sua expectativa é de que as marcas sejam tão estimulantes quanto seus celulares e games. Por isso, ela espera que as empresas estejam constantemente renovando suas ofertas. Deseja que elas proporcionem novas experiências de consumo interativas a cada ponto de contato. Deixar de atender a essa expectativa resulta em baixa lealdade à marca. As empresas que têm a geração Z como alvo precisam lidar com esse ciclo de vida mais curto dos produtos.

Atualmente a geração Z já representa um grupo numericamente maior do que a geração Y no planeta. Em 2025, vai compor a maior parte da força de trabalho, tornando-se, assim, o mercado mais relevante para produtos e serviços.

Geração Alfa: os filhos dos millennials

A geração Alfa é formada pelos nascidos entre 2010 e 2025, o que faz dela a primeira de filhos do século XXI. Cunhado por Mark McCrindle, o nome baseado no alfabeto grego representa uma geração inteiramente nova, que será moldada pela convergência tecnológica. Seus integrantes não apenas são nativos digitais como também são fortemente influenciados pelos comportamentos digitais dos pais (a geração Y) e dos irmãos mais velhos (a geração Z). O lançamento do primeiro iPad – o aparelho ao qual a maioria das crianças é mais apegada – marcou o surgimento dessa geração, em 2010.

As características da geração Alfa são em grande medida moldadas e influenciadas pelo estilo de criação dos pais da geração Y. Tendo se casado em idade mais avançada, a geração Y dá maior ênfase à criação e à educação das crianças. Também educa os filhos em relação ao dinheiro e às finanças desde bem cedo. Além disso, os cria em um ambiente urbano de maior diversidade e ritmo frenético. Portanto, a geração Alfa não é apenas bem-educada e ligada em tecnologia, mas também inclusiva e sociável.

Criada pela geração Y e influenciada pela geração Z, a geração Alfa vem consumindo ativamente conteúdos em celulares desde a infância. Por passar relativamente mais tempo em frente a telas do que as gerações anteriores, a geração Alfa assiste a vídeos on-line e joga games de celular todos os dias. Alguns têm os próprios canais no YouTube e contas no Instagram – criados e administrados pelos pais.

A geração Alfa está mais aberta a conteúdo produzido por marcas, como canais de resenhas de brinquedos no YouTube. O estilo de aprendizagem é experimental e empírico. Ela se sente bem à vontade com brinquedos tecnológicos, aparelhos inteligentes e vestíveis. Considera a tecnologia não apenas uma parte integral de sua vida, mas também uma extensão de si mesma. A geração Alfa continuará a crescer adotando e usando tecnologias que mimetizam o ser humano, como a inteligência artificial, o comando por voz e os robôs.

Hoje a geração Alfa ainda não conta com grande poder aquisitivo, mas já tem forte influência nos gastos das outras gerações. Uma pesquisa Google/Ipsos mostrou que 74% dos pais millennials incluem os filhos da geração Alfa nas decisões domésticas. Além disso, algumas crianças se tornaram influenciadoras nas mídias sociais e modelos para outras crianças. Um relatório da Wunderman Thompson Commerce mostra que 55% das crianças nos Estados Unidos e no Reino Unido gostariam de comprar coisas que seus influenciadores sociais usam. Portanto, é só uma questão de tempo até que se tornem o foco global dos profissionais de marketing.

Os estágios de vida das cinco gerações

Compreender o que é essencial para as cinco gerações exige analisar os estágios pelos quais elas passam durante a vida. Existem, em geral, quatro estágios no desenvolvimento humano, batizados como Fundamental, Frontal, de Fomento e Final (ver Figura 2.2). Cada estágio abrange cerca de vinte anos e, ao se passar de um para outro, há uma alteração significativa nos objetivos e prioridades da vida.

Figura 2.2 Os estágios da vida humana e suas prioridades-chave

O primeiro estágio de vida é o Fundamental, em que o foco está no aprendizado. Durante os primeiros vinte anos ainda se está explorando o ambiente e se adaptando a ele. Adquirem-se conhecimentos e competências não apenas pela instrução formal, mas também pelas amizades e pelos relacionamentos sociais. Esse também é o estágio da busca pela própria identidade e por uma razão de ser.

O segundo estágio é chamado de Frontal. Durante o segundo período de vinte anos inicia-se a transição do aprendizado para o trabalho. Ao começar a ganhar a vida e construir uma carreira, a pessoa adquire maior independência. Como nesse estágio a saúde está no ápice, é maior a disposição para correr riscos e aproveitar a vida ao máximo. Também é durante esse estágio que começa o comprometimento com relacionamentos românticos.

Ao entrar no terceiro estágio da vida, o de Fomento, a pessoa começa a se estabilizar e a constituir família. A tendência é de retornar a um estilo de vida mais saudável depois de um período de aumento de estresse durante o estágio Frontal. Também se passa mais tempo cuidando da evolução de terceiros. Em casa, o foco está na paternidade ou maternidade e na vida familiar; no trabalho, a ênfase passa à mentoria e à capacitação de gerações mais jovens. Dar sua retribuição à sociedade também se torna um objetivo-chave nesse estágio da vida.

No estágio Final, a pessoa tenta se adaptar à velhice e conservar-se feliz. Nesse período o objetivo principal é cuidar da saúde em declínio e dos relacionamentos sociais. O foco passa a ser desfrutar a vida, dando início a novas atividades que sejam gratificantes e com propósito. Em virtude da intensa reflexão sobre as lições da vida, começa-se a adquirir sabedoria, que se tenta comunicar às novas gerações.

Para os baby boomers, o tempo típico de passagem de um estágio a outro é de vinte anos. Atualmente, a maioria dos *boomers* se encontra no estágio Final e está tentando adiar a aposentadoria para se conservar ativa e continuar a ter uma vida gratificante. A geração X vem seguindo uma trajetória parecida. A maioria de seus integrantes se encontra atualmente no estágio de Fomento. Muitos tornam-se bem-sucedidos criadores de startups e comandam novos negócios por volta dos 40 anos. Focam no equilíbrio entre vida pessoal e profissional ao mesmo tempo que dão sua retribuição à sociedade.

A geração Y vem seguindo uma trajetória ligeiramente diferente. Seus integrantes atingem marcos tradicionais da existência, como o casamento e o nascimento dos filhos, em uma idade bem mais avançada. Trata-se de uma concessão que fazem para alcançar bem mais cedo outros grandes objetivos, especialmente em relação à carreira e à contribuição para a sociedade. A geração Y não está disposta a ascender na hierarquia das empresas no mesmo ritmo dos baby boomers e da geração X. Quer uma ascensão meteórica ao topo, trocando de emprego com frequência ou abrindo a própria empresa ainda bem jovem. Em consequência, progride de um estágio de vida para outro em uma velocidade maior, em comparação com a geração dos baby boomers. Hoje supostamente ainda está no estágio Frontal, mas alguns de seus integrantes já adquiriram a mentalidade do estágio de Fomento. Preocupa-se com o equilíbrio entre a vida pessoal e a profissional em uma idade muito mais precoce. O estilo de liderança se baseia no empoderamento de terceiros, através do *coaching*, e é estimulada por propósitos sociais. Embora sua vida esteja cercada de tecnologia, a geração Y dá maior ênfase à interação humana, que é o fundamento do estágio de vida de Fomento.

Acreditamos que a geração Z e a geração Alfa também têm estágios de vida mais curtos, adotando uma mentalidade mais madura mais cedo por conta disso. Estão mais dispostas a correr riscos e a aprender na prática – mesclando, essencialmente, os estágios Fundamental e Frontal. Ambas têm um desejo mais intenso de contribuir para a sociedade antes mesmo de completar 20 anos de idade. O ponto de vista em relação à tecnologia não é superficial: elas não a enxergam como uma simples engenhoca. Veem-na como um empoderador para fazer coisas de maneira rápida e precisa, de modo a focar naquilo que realmente importa.

Esses estágios de vida mais curtos têm consequências profundas sobre a abordagem de marketing. Atender às gerações Z e Alfa – as duas mais importantes da próxima década – não é apenas uma questão de aplicação de tecnologias, mas sim de usar a tecnologia para possibilitar soluções centradas no ser humano.

O abismo entre gerações e a evolução do marketing

Acreditamos piamente que o marketing está em evolução contínua para adaptar-se a um mercado em constante transformação (ver Figura 2.3).

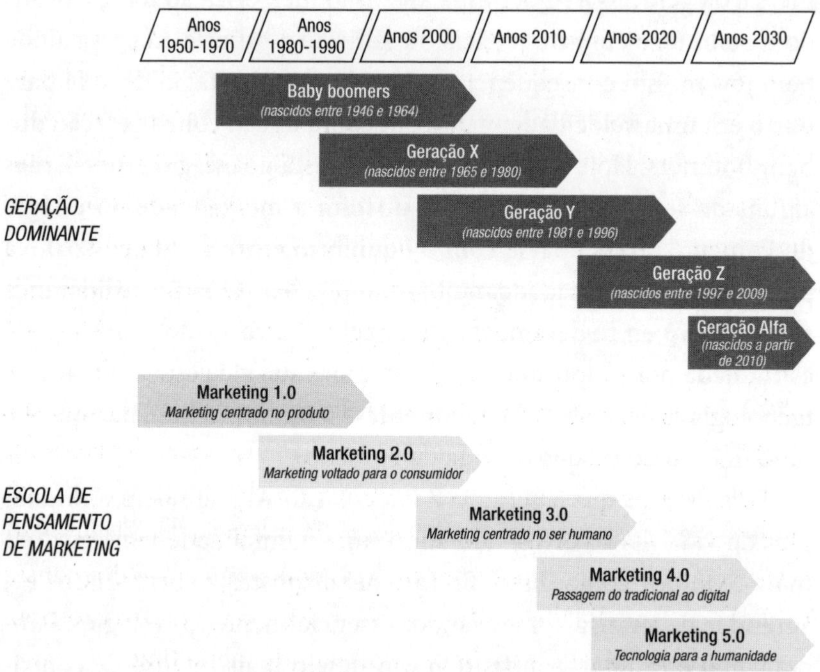

Figura 2.3 As cinco gerações e a evolução do marketing

Marketing 1.0: centrado no produto

O Marketing 1.0, ou marketing centrado no produto, surgido nos Estados Unidos na década de 1950, foi desenvolvido originalmente para atender os abastados baby boomers e seus pais. O objetivo principal era criar produtos e serviços perfeitos, que produzissem o valor mais elevado na mente dos clientes. Os produtos e serviços vencedores eram aqueles cujas características e vantagens eram mais evidentes diante da concorrência. Por apresentarem maiores benefícios aos consumidores, as empresas cobraram preços mais altos por esses produtos e serviços por um longo período. Assim, os conceitos básicos de marketing criados durante essa época se concentravam no desenvolvimento do produto e na gestão do seu ciclo de vida, bem como na criação dos quatro Ps ideais (produto, preço, ponto de venda e promoção). A satisfação do cliente tornou-se a meta principal.

O grande defeito da era do Marketing 1.0, porém, era que as empresas muitas vezes faziam o cliente consumir aquilo de que não precisava, o que, por sua vez, criava uma cultura de consumismo.

Marketing 2.0: voltado para o consumidor

Na esteira dos movimentos de contracultura – ou de anticonsumismo – entre meados dos anos 1960 e meados dos anos 1970, o marketing evoluiu para uma fórmula mais centrada no cliente. Essa tendência ganhou ainda mais força com a recessão do início da década de 1980, que levou a uma redução significativa do poder aquisitivo dos consumidores. A frugalidade dos boomers tardios e da geração X tornou-se um grande desafio para os profissionais de marketing.

Por isso, a era do Marketing 2.0 se concentrou na compreensão da segmentação, da seleção de mercados-alvo e do posicionamento. As empresas deixaram de criar o produto e o serviço perfeitos para todos. Aprenderam mais a respeito do seu mercado-alvo e definiram de maneira bem precisa o posicionamento de mercado. Abandonaram os penduricalhos e passaram a se concentrar em recursos específicos dos produtos com base nas necessidades e nos desejos do consumidor. Isto se refletiu na precificação exata para cada mercado-alvo.

As empresas também passaram a fazer um esforço maior para construir um relacionamento com o cliente ao longo do tempo. Os profissionais de marketing aplicaram a abordagem de gestão do relacionamento com o cliente para reter os consumidores e impedir que eles migrassem para a concorrência. O objetivo deixou de ser a satisfação do cliente e passou a ser sua retenção.

Marketing 3.0: centrado no ser humano

A ascensão da geração Y – e a crise financeira global – no final dos anos 2000 levou a outra evolução relevante do marketing. Empoderada pelo acesso livre à informação e perturbada pelos escândalos da indústria financeira, a geração Y tinha um baixo nível de confiança em relação ao mundo corporativo e suas motivações de lucro a todo custo. A geração Y exigiu que as empresas criassem produtos, serviços e culturas que desempenhassem um impacto social e ambiental positivo. Surgiu, assim, a era do marketing centrado no ser humano, ou Marketing 3.0. As empresas começaram a embutir práticas éticas e socialmente responsáveis de marketing em seus modelos de negócios.

Marketing 4.0: passagem do tradicional ao digital

A digitalização é um complemento a mais na tendência rumo à centralidade no ser humano. A geração Y – e, até certo ponto, também a geração Z – gravita em torno da economia digital. A ascensão da internet móvel, das mídias sociais e do e-commerce alterou o caminho do consumidor rumo à compra. Os profissionais de marketing se adaptaram a essa mudança comunicando e entregando produtos e serviços por meio de uma presença onicanal. Eles começaram a passar do tradicional para o digital e a implementar o Marketing 4.0.

Marketing 5.0: tecnologia para a humanidade

Com a ascensão da geração Z e da geração Alfa, é hora de o marketing evoluir uma vez mais.

O interesse e a preocupação primordiais dessas duas gerações mais jovens voltam-se para duas direções. A primeira é trazer transformações positivas para a humanidade, melhorando a qualidade da vida humana. A segunda é impulsionar ainda mais avanços tecnológicos em todos os aspectos da humanidade. Para atender a geração Z e a geração Alfa, os profissionais de marketing precisam continuar a adotar as novas tecnologias a fim de aprimorar a vida humana. Em outras palavras, o Marketing 5.0 será a integração entre o Marketing 3.0 (centrado no ser humano) e o Marketing 4.0 (facilitador de tecnologias).

Resumo: Marketing para baby boomers e as gerações X, Y, Z e Alfa

Na próxima década a geração X deterá quase todos os postos de liderança no mundo do marketing. Na visão dos profissionais de marketing, essa geração é a única que conheceu os marketings 1.0, 2.0, 3.0 e 4.0 ao longo dos diferentes estágios de sua vida. Com o apoio dos gerentes de médio escalão da geração Y, a geração X será a ponta de lança de iniciativas de marketing para atender a geração Z e a geração Alfa.

Essas duas gerações mais jovens serão as catalisadoras do Marketing 5.0, que é uma integração entre o Marketing 3.0 e o Marketing 4.0. Elas têm enorme preocupação em relação a como a tecnologia pode empoderar e aprimorar a humanidade, melhorando as vidas humanas e gerando felicidade. As empresas que forem capazes de angariar a confiança da geração Z e da geração Alfa conseguirão triunfar na competição da era do Marketing 5.0.

PERGUNTAS PARA REFLEXÃO

- Que gerações sua organização atende hoje? Você compreende plenamente suas preferências e seus comportamentos?
- Sua organização está bem posicionada para o futuro? Em outras palavras, você está preparando sua organização para atender os nativos digitais – a geração Z e a geração Alfa?

3 | A polarização da prosperidade

Como criar inclusividade e sustentabilidade para a sociedade

O poço é um filme de ação distópico ambientado em uma prisão em forma de torre com centenas de andares de altura. Cada andar é ocupado por dois presidiários, escolhidos por sorteio. A comida lhes é servida por uma plataforma móvel, que oferece vários tipos de prato gourmet, descendo do andar mais alto para o mais baixo. Os presos dos andares mais altos podem comer quanto quiserem, deixando o resto para os andares inferiores. Por causa da ganância e do egoísmo daqueles nos andares altos, resta à maioria dos prisioneiros brigar por restos. De um certo andar em diante, não sobra comida alguma, e quem está mais abaixo fica faminto.

Existe um jeito de resolver o problema. Como todo mês há um rodízio dos andares dos prisioneiros, eles passam por períodos tanto de abundância quanto de fome. E sabem que há comida suficiente para todos se racionarem as refeições. No entanto, como todos em algum momento precisam lutar pela sobrevivência, nenhum deles tem empatia com os demais. É uma história que reproduz o clássico "dilema do prisioneiro", no qual indivíduos agindo conforme os próprios interesses não produzem o melhor resultado possível.

O filme foi aclamado pela crítica porque as pessoas se identificam com sua mensagem. Simboliza os desequilíbrios da sociedade e a ignorância social que os provoca. Aqueles que estão no topo prosperam, ao passo que aqueles que estão na base sofrem. E a maioria não parece interessada em reduzir esse abismo. É uma metáfora que também reflete o problema da sustentabilidade que encaramos atualmente, no qual as gerações atuais exploram o meio ambiente sem pensar no que vão deixar para as gerações vindouras.

De fato, um dos maiores desafios da humanidade é o abismo crescente entre ricos e pobres, tornando a sociedade extremamente polarizada em todos os aspectos da vida. As discussões em torno da igualdade de gênero, da energia limpa e das cidades inteligentes parecem ter relevância apenas entre as elites. Enquanto isso, no outro extremo do espectro, há gente lutando para sair da pobreza e conseguir acesso a alimentação, cuidados de saúde e saneamento básico. Por conta disso, as transformações sociais muitas vezes não conseguem superar essa distância entre os adotantes iniciais, mais abastados, e as massas, menos prósperas.

Há quem alegue que a tecnologia vai igualar as condições, permitindo que uma vida melhor seja acessível a todos. No entanto, oriundas de muitos anos de pesquisa, a maioria das soluções tecnológicas ainda é cara. Sem uma intervenção adequada, as inovações tecnológicas tenderão a favorecer os mais ricos, que têm mais acesso a elas. Aqueles com nível superior e empregos valorizados, por exemplo, conseguiriam prosperar com o uso da automação, ao passo que aqueles localizados na outra ponta perderiam o emprego.

Hoje o uso da tecnologia para a humanidade ainda está muito concentrado no topo. Compreensivelmente, as empresas vão atrás do dinheiro e introduzem tecnologia para segmentos com potencial de gerar negócios. Desse modo, os algoritmos de inteligência artificial têm um foco desproporcional no mapeamento dos comportamentos de uma pequena elite, supondo serem similares aos da massa majoritária. As tecnologias mais avançadas tendem a ser irrelevantes para a maioria das pessoas. Isso precisa mudar. Melhorar a acessibilidade e a relevância da tecnologia é imperioso para que o Marketing 5.0 funcione.

Figura 3.1 A Sociedade Polarizada

A sociedade polarizada

Nas últimas décadas o sctor privado gerou imensa riqueza. A distribuição dessa riqueza, porém, tem sido desigual, impelindo as pessoas para extremos opostos. O segmento médio vai migrando lentamente: ou em direção ao topo, ou para a base da pirâmide. Isso muda a configuração da sociedade, que de uma distribuição normal passa para uma distribuição em forma de M – como observado por William Ouchi e Kenichi Ohmae –, na qual os maiores números de pessoas estão nas classes mais altas e mais baixas. Em cada ponta as pessoas têm prioridades de vida e ideologias conflitantes, o que as coloca em atrito umas com as outras (ver Figura 3.1).

A polarização dos empregos

Um dos fatores primários que provocam a disparidade de riqueza é a divergência de oportunidades para acumular riqueza. É inerente à estrutura corporativa que aqueles que estão no topo tenham mais poder para determinar ou negociar níveis de remuneração generosos para si. O Economic Policy Institute relatou que, ao longo das últimas quatro décadas, o pagamento dos principais executivos das empresas cresceu mais de 1.000%. Há quem afirme que esses elevados níveis de remuneração são merecidos, uma vez que a maioria das compensações está associada a um aumento de valor para os acionistas. Outros, porém, alegam que os pagamentos excessivos são resultado do poder dos executivos e reivindicam que esses valores passem a refletir de forma mais realista a contribuição real e a competência desses profissionais. Seja como for, o salário inflado dos executivos atinge quase 100 vezes o salário médio dos funcionários, o que agrava o fosso de prosperidade.

Outro fator é a diferença de competências e habilidades para acumular riqueza. Segundo um relatório da Organização para a Cooperação e Desenvolvimento Econômico (OCDE), tanto os empregos mais valorizados e mais bem pagos quanto os empregos menos valorizados e pior remunerados estão se expandindo, enquanto tudo mais que há no meio desses extremos está encolhendo. Talentos com competências altamente requisitadas – tanto em postos intelectuais quanto em atividades braçais – têm probabilidade mais alta de encontrar emprego, ainda que não necessariamente com remuneração elevada. O Bureau of Labor Statistics, órgão americano que compila dados sobre o mercado de trabalho, previu que na próxima década os empregos de maior crescimento serão aqueles de nível técnico relacionados a energias alternativas, tecnologia da informação, cuidados com a saúde e análise de dados. Alguns desses empregos são muito bem remunerados, mas outros oferecem salários medíocres. Essa disparidade salarial faz com que a estrutura do mercado de trabalho fique cada vez mais polarizada.

Tanto a globalização quanto a digitalização agravam ainda mais a polarização do trabalho em países desenvolvidos como os Estados Unidos. A globalização possibilita às empresas transferir os empregos de menor qualificação para outros países, mantendo o foco na expertise de alto nível para exportar para os países emergentes. Da mesma forma, a digitalização, sobretudo na automação industrial, faz os empregos mais mecânicos desaparecerem, ao mesmo tempo que aumenta a demanda por vagas com maior qualificação tecnológica.

A polarização das ideologias

Um paradoxo da globalização é que ela demanda inclusividade econômica mas não cria economias igualitárias. Aparentemente, a globalização prejudica alguns países ao mesmo tempo que beneficia outros. Muitos culpam a globalização pela desigualdade. Para lidar com o estresse que isso gera, as pessoas começam a tomar posições políticas e gravitar em direção a crenças e visões de mundo bastante polarizadas. Uns acham que se abrir a um mundo sem fronteiras gerará mais valor, ao passo que outros pedem protecionismo e mais barreiras. Como se viu no processo do Brexit e na presidência de Donald Trump, alguns políticos tentam representar esse modelo mais fechado e ampliar a separação de modo a aumentar o próprio apelo eleitoral.

A política identitária vem crescendo no mundo inteiro como resultado direto disso. O efeito colateral é que decisões e perspectivas passaram a ser determinadas sob a ótica da identidade política, mas não necessariamente em nome do bem comum. Muitas vezes são as emoções, em vez dos fatos, que alimentam os debates entre ideias opostas. As bolhas criadas pelas redes sociais, ao lado da disseminação de boatos, exacerbam ainda mais o fenômeno.

Em consequência, diversas questões cruciais estão se tornando mais polarizadas do que nunca. Nos Estados Unidos, as preferências políticas orientam as preocupações básicas. As estratégias de combate às mudanças climáticas e de controle dos gastos com o sistema de saúde, por exemplo, são consideradas questões mais prementes pelos democratas do que pelos republicanos. A situação econômica e as medidas contra o terrorismo, em compensação, são as maiores prioridades dos republicanos. Até a definição do que é um lar ideal varia conforme o partido. Segundo o Pew Research Center, a maioria dos democratas dá preferência a bairros mais adensados, com serviços públicos acessíveis a pé; já a maioria dos republicanos prefere o oposto. Os democratas, mais do que os republicanos, também preferem morar em comunidades com maior diversidade étnica.

A polarização dos estilos de vida

A polarização ocorre não apenas nas decisões ideológicas e cidadãs, mas também nas preferências de estilo de vida. Em uma ponta, o movimento minimalista vem ganhando popularidade. Marie Kondo, consultora japonesa de desapego doméstico, tornou-se celebridade mundial ao defender uma visão minimalista na organização do lar. A ideia subjacente ao minimalismo é que viver com menos objetos reduz o estresse, dá menos trabalho e mais liberdade para cuidar do que realmente importa.

As dificuldades econômicas acarretadas pela pandemia de covid-19 e o desemprego forçaram de fato muitas pessoas a adotar um estilo de vida mais frugal. Passou-se a dar mais ênfase ao essencial e menos aos gastos supérfluos. Mas mesmo os indivíduos mais abastados, com poder aquisitivo mais alto, optaram por um estilo de vida mais modesto, evitando o consumo excessivo. Conscientes de sua pegada de carbono e preocupados com a pobreza no planeta, decidem deixar de lado a busca pela propriedade de bens materiais. Esse modo de vida é acompanhado pelo consumo consciente, pela moda sustentável e pelo turismo responsável.

Em compensação, na outra ponta o estilo de vida consumista está em ascensão. São pessoas que desejam ostentar estilos de vida luxuosos e gastos supérfluos. Embora existam em todas as classes socioeconômicas, a maioria é de aspirantes da classe média e do cada vez maior segmento de elite.

Usando as redes sociais como ferramenta de comparação, os consumistas aspiram a subir os degraus e copiar aqueles nas camadas sociais mais altas. Na maioria das vezes adotantes iniciais, apressam-se a comprar produtos recém-lançados. Seus *feeds* nas redes sociais se tornam um diário de suas experiências com marcas. O "medo de ficar de fora" (FOMO, do inglês *fear of missing out*) em muitos casos os assombra e influencia suas decisões de compra e prioridades na vida. O mantra é "Só se vive uma vez" (YOLO, do inglês *you only live once*). Por isso, saem gastando.

Aqueles que estão nas duas extremidades desse espectro acreditam que seu estilo de vida lhes traz felicidade. E tanto consumistas quanto minimalistas atraem profissionais de marketing que visam tirar proveito desses estilos de vida emergentes. Na verdade, esses dois mercados estão entre aqueles em que mais vale a pena investir, já que todo o resto entre os dois está desaparecendo.

Polarização dos mercados

Os mercados já não consistem mais em um amplo leque de ofertas – do mais barato ao mais luxuoso. Começaram a ficar polarizados entre os extremos superior e inferior. O segmento médio vem desaparecendo, à medida que as pessoas ou optam por produtos mais baratos, sem frescuras, ou buscam por ofertas mais caras, *premium*. Assim, tanto as marcas que estão no topo quanto as que estão na base vêm crescendo, ao passo que as do miolo estão sendo expulsas e lutam para manter sua relevância. E isso está acontecendo em várias categorias de produto: varejo de alimentação e vestuário, serviços de alimentação, companhias aéreas e setor automotivo (ver Figura 3.2).

As crises econômicas, sobretudo esta que veio com a recente pandemia, parecem provocar um impacto duradouro nos gastos dos consumidores de menor renda. Em tempos difíceis há um crescimento do varejo de descontos. Os clientes experimentam produtos mais básicos e mais baratos, para economizar. Descobrem que a qualidade é aceitável e se acostumam com eles. Alguns até se dão conta de que vinham gastando mais do que o necessário e nunca mais retornam às marcas mais caras. Trata-se de uma tendência acompanhada por uma melhora recente na qualidade dos produtos de baixo custo, uma circunstância excepcional, em razão de tecnologias manufatureiras mais baratas, porém mais eficientes.

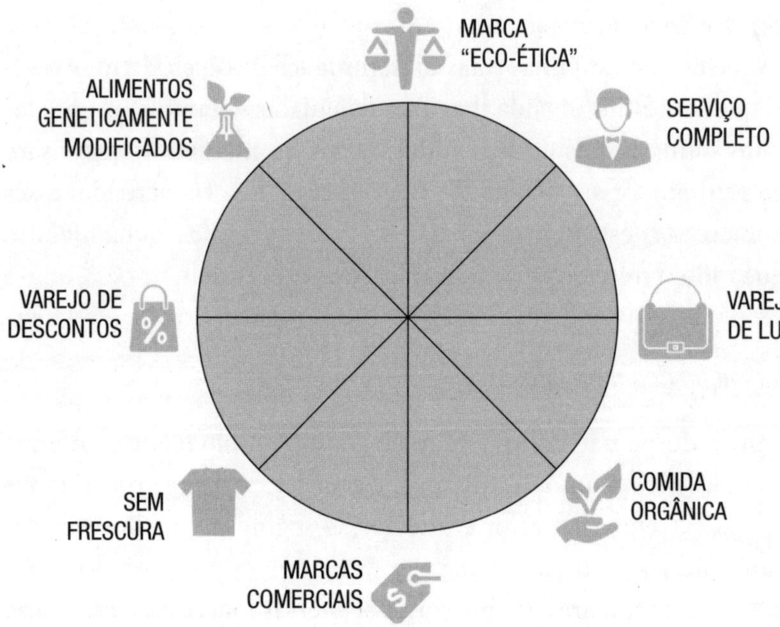

Figura 3.2 A polarização do mercado em diversas categorias

Na outra ponta, os consumidores de alta renda são menos suscetíveis a crises e até chegam a se beneficiar com elas. As crises e a pandemia fizeram com que se lembrassem da importância do bem-estar, levando-os, portanto, aos produtos e serviços *premium* que proporcionam exatamente isso. Também continua a ser um fato, sobretudo para os novos ricos, que um aumento na receita é em geral acompanhado por um aumento na despesa. Pertencer a uma comunidade elitista também os incentiva a adotar um estilo de vida semelhante ao dos pares e a ostentar o sucesso. Portanto, eles sempre vão tentar subir de patamar nas decisões de consumo.

Para adaptar-se a essa tendência, os atores do setor vão em busca ou da liderança de custos, ou de uma estratégia de experiência do cliente. Os provedores de baixo custo focam no valor intrínseco dos bens e serviços. É uma questão de retirar tudo que é supérfluo e reforçar os benefícios principais, convencendo o público, ao mesmo tempo, de que não há perda de qualidade. A estratégia deixa de ser de ofertas casadas para descasadas, permitindo que o cliente escolha a configuração do produto e do serviço que lhe convém.

Enquanto isso, as marcas de preço *premium* dão ênfase ao aumento do valor extrínseco de suas ofertas. A ideia é proporcionar ao cliente uma experiência completa e inovadora, com ingredientes de alta qualidade, vendas exclusivas, canais de serviços e narrativas de marcas de luxo – tudo no mesmo pacote. Também tentam aumentar sua participação oferecendo luxo acessível a novos clientes de padrão médio, o que os faria gastar um pouco mais.

Por que a inclusividade e a sustentabilidade são importantes

A polarização da sociedade, originada do aumento da disparidade de riqueza, pode ter um impacto profundo em diversos aspectos da vida humana. Não se pode ignorar o abismo existente entre aqueles que mal conseguem sobreviver e aqueles que estão prosperando em meio à globalização e à digitalização. A incerteza política, a instabilidade social e o colapso econômico estão entre os riscos relevantes caso esse abismo continue sem solução. Em parte, as empresas são responsáveis pela distribuição desigual da riqueza. O mercado espera que elas, empresas, assumam a responsabilidade de resolver o problema com uma abordagem mais inclusiva e sustentável na busca do crescimento (ver Figura 3.3).

O imperativo do crescimento sustentável

Nos últimos anos as empresas descobriram que é cada vez mais difícil encontrar novos bolsões de crescimento. Mercados ainda não atendidos e com poder aquisitivo se tornaram raros. Até as empresas mais bem administradas têm sofrido para criar crescimento orgânico e mantê-lo, tanto pela expansão do mercado quanto pelo lançamento de novos produtos. E esse é um desafio que continuará imenso. Economistas previram que o crescimento econômico global continuará a desacelerar na próxima década.

Obstáculos comuns, como a saturação do mercado, a proliferação de novos concorrentes, a perda de poder aquisitivo e a complexidade excessiva das operações, podem ter contribuído para essa quase estagnação. No entanto, isso talvez tenha servido para lembrar que as empresas fatalmente atingiriam um limite de cresci-

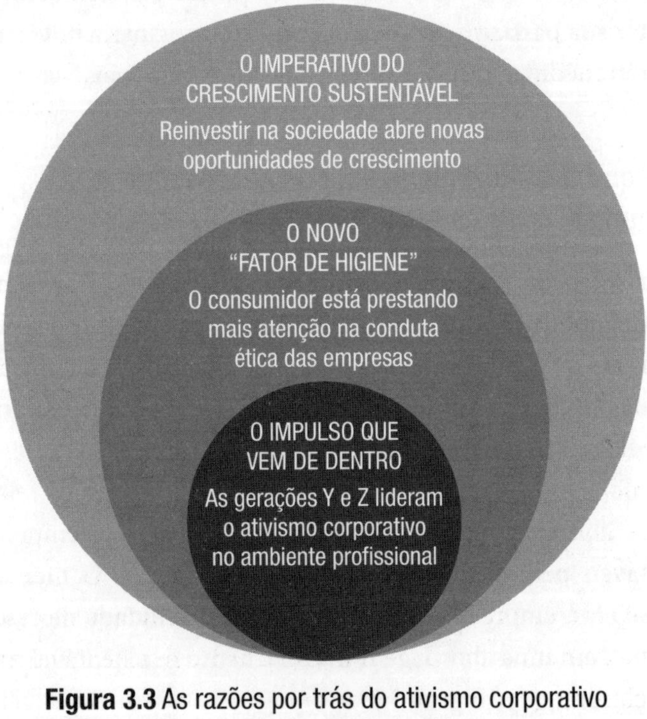

Figura 3.3 As razões por trás do ativismo corporativo

mento, não apenas do ponto de vista ecológico, mas também do social. O meio ambiente tem uma capacidade finita de suportar o crescimento – e o mercado também.

As empresas costumavam supor que, se reinvestissem uma parte do lucro em nome do desenvolvimento da sociedade, isso teria um custo na velocidade de seu crescimento. Elas precisam se dar conta, porém, de que na realidade acontece o oposto. Quem faz negócios precisa levar em conta as externalidades negativas. Décadas de estratégias agressivas de crescimento degradaram o meio ambiente e tornaram a sociedade desigual. E não há como as empresas prosperarem em uma sociedade decadente e falha.

Se a ênfase é exclusivamente no crescimento – e não no desenvolvimento –, as empresas logo atingirão o limite. Diante da iminente polarização da prosperidade, o mercado – sobretudo quem está na base – tem maior chance de fracassar na absorção de iniciativas de crescimento mais ambiciosas. As empresas bem-sucedidas serao aquelas com poder suficiente para consertar o estrago. Portanto, para que um negócio seja sustentável, incluir nos planos de crescimento um aspecto de desenvolvimento social é fundamental.

Do ponto de vista do crescimento futuro, o ativismo social que as empresas praticam há de se mostrar um bom investimento. Quando bilhões de pessoas menos favorecidas saem da pobreza, melhoram o grau de instrução e aumentam a renda familiar, os mercados crescem substancialmente no mundo inteiro. Segmentos antes inexplorados tornam-se novas fontes de crescimento. Além disso, em uma sociedade mais estável e com meio ambiente sustentável caem muito os riscos e os custos de fazer negócios.

O novo "fator de higiene"

Quando o Marketing 3.0 surgiu, uma década atrás, modelos de negócios com base em propósitos eram uma fonte relativamente nova de diferenciação que forneceu uma vantagem competitiva às primeiras empresas que os adotaram. À medida que uma parcela dos consumidores começou a dar preferência a marcas cujas atividades tinham um impacto social positivo, algumas empresas começaram a adotar a abordagem centrada no ser humano, colocando-a no centro da estratégia de negócios. Essas marcas pioneiras, como The Body Shop e Ben & Jerry's, foram consideradas "descoladas". Várias soluções para problemas sociais estavam embutidas em seus negócios, permitindo a participação do cliente. Os maiores desafios da humanidade passaram a ser, ao mesmo tempo, as maiores oportunidades de negócios para essas empresas.

Atualmente essa tendência a centrar no ser humano já se tornou convencional. Milhares de empresas dedicaram um foco especial ao impacto social e ambiental, chegando até a utilizá-lo como uma das principais fontes de inovação. Muitas marcas conquistaram um público fiel ao promover um estilo de vida preocupado com a saúde, reduzindo a pegada de carbono, realizando comércio igualitário com fornecedores de mercados emergentes, mantendo boas práticas trabalhistas ou estimulando o empreendedorismo na base da pirâmide.

Tornou-se um "fator de higiene" com o qual as marcas não têm chance de competir a não ser que tenham visão, missão e valores mais amplos. Empresas que deixam de incorporar práticas responsáveis correm o risco de ser desprezadas por clientes em potencial. Cada vez mais o consumidor toma suas decisões de compra com base em sua percepção da conduta ética da empresa. O fato é que agora o cliente espera que a empresa trabalhe pelo bem da sociedade como um todo, e as empresas estão cientes disso. A campanha "Stop the Hate for Profit" ["Parem de lucrar com o ódio"] – em que Microsoft, Starbucks, Pfizer, Unilever e centenas de outras empresas fizeram uma pausa na publicidade no Facebook, conclamando a rede social a lidar melhor com a desinformação e o discurso de ódio – é uma prova da importância do ativismo corporativo.

As marcas precisam desenvolver e estimular – e não apenas explorar – os mercados nos quais competem. Em outras palavras, as empresas são consideradas responsáveis não apenas por gerar valor para os acionistas no curto prazo, mas também por gerar valor para a sociedade no longo prazo. E, por causa da internet, as empresas passaram a ficar sob constante vigilância, sendo mais fácil para o consumidor monitorar as questões éticas dos negócios. Tornou-se prática padrão nas empresas monitorar e publicar seus avanços em relatórios de sustentabilidade, que divulgam os impactos econômicos, ambientais e sociais gerados por suas operações.

O impulso que vem de dentro

As tendências externas também tendem a refletir as dinâmicas internas. O impacto social tem boa repercussão junto aos jovens talentos. Como reação às demandas dos funcionários, as empresas começaram a incluir uma missão social em seus valores corporativos. Os trabalhadores da geração Y, os mais numerosos na força de trabalho, são de longa data promotores de transformações sociais. Exercem influência não apenas por meio do poder aquisitivo, como consumidores, mas também apoiando mudanças sociais a partir do interior das empresas. E agora a geração Z está começando a entrar no mercado de trabalho – e logo assumirá o posto de grupo majoritário –, o que fará aumentar a pressão interna por práticas ambientalmente responsáveis. (Ver o Capítulo 2 para mais informações sobre as diferentes gerações.)

A diversidade, a inclusão e a igualdade de oportunidades no ambiente de trabalho se tornaram elementos compulsórios na guerra pelos talentos, influenciando de forma significativa as práticas de recrutamento, remuneração e desenvolvimento de pessoal. Diversos estudos da BCG, da McKinsey e da Hays mostraram que essas práticas melhoram, de fato, a produtividade e o desempenho financeiro, por meio de uma cultura mais sadia, maior criatividade e maior riqueza de pontos de vista.

Além disso, os valores corporativos são mais importantes do que nunca para atrair e reter os empregados das novas gerações. Para que se tornem empregadoras cobiçadas, as empresas precisam usar com seus empregados as mesmas técnicas de *storytelling* que adotam com os clientes. Os valores corporativos soam mais autênticos quando estão em sintonia com os negócios. Por exemplo, as empresas de gás e petróleo precisam estar atentas à transição para as energias renováveis e os veículos elétricos. As marcas de cuidados pessoais podem optar por contribuir para a higiene e o saneamento das comunidades que atendem. Erradicar a obesidade pode ser o foco de uma empresa de alimentos e bebidas.

Mas essas profissões de fé não podem mais ficar apenas no discurso; as empresas precisam demonstrar integridade e praticar aquilo que pregam, já que os empregados perceberão com facilidade promessas enganosas e atitudes oportunistas. Não basta parar no nível das doações à caridade e dos atos filantrópicos. É preciso, em vez disso, que toda a estratégia de negócios seja influenciada: da cadeia de fornecedores ao desenvolvimento de produtos, passando pela distribuição e pelas práticas de gestão de recursos humanos.

Como alinhar as estratégias a metas de desenvolvimento sustentáveis

O papel das empresas no progresso da sociedade é crucial. Mas, mesmo que a maioria das empresas invista seus recursos e coloque o ativismo corporativo no centro de suas estratégias, pode ser que o impacto não seja suficiente para transformar o mundo. É preciso que haja ações coordenadas para que a sinergia traga resultados. Uma plataforma global de parcerias incluindo governos, sociedade civil e iniciativa privada permitirá que as empresas visionárias encontrem organizações que pensem do mesmo jeito para colaborarem no mundo inteiro.

É aí que os ODS (Objetivos de Desenvolvimento Sustentável) desempenham um papel fundamental. Em 2015 os Estados-membros das Nações Unidas introduziram a Agenda 2030, comprometendo-se a realizar um conjunto de 17 objetivos abrangentes, conhecidos como ODS (ver Figura 3.4). Sucessores dos Objetivos de Desenvolvimento do Milênio (ODM), eles servem como uma visão em comum, assim como um planejamento padrão para orientar os principais tomadores de decisões na abordagem dos mais urgentes desafios sociais e ambientais.

SUSTENTABILIDADE	Geração de riqueza	Distribuição de riqueza	
	12. Consumo e produção responsáveis 13. Ação contra a mudança global do clima 14. Vida na água 15. Vida terrestre	6. Água potável e saneamento 7. Energia limpa e acessível 11. Cidades e comunidades sustentáveis	Perspectiva ambiental
	8. Trabalho decente e crescimento econômico 9. Indústria, inovação e infraestrutura 16. Paz, justiça e instituições eficazes 17. Parcerlas e meios de implementação	1. Erradicação da pobreza 2. Fome zero e agricultura sustentável 3. Saúde e bem-estar 4. Educação de qualidade 5. Igualdade de gênero 10. Redução das desigualdades	Perspectiva humanitária
	INCLUSIVIDADE		

Figura 3.4 Desenvolvimento inclusivo e sustentável nos 17 ODS

A implementação dos ODS ainda enfrenta desafios, advindos, principalmente, do baixo nível de percepção de sua relevância. Um estudo encomendado pelo Fórum Econômico Mundial revelou que 74% dos cidadãos do planeta já ouviram falar dos ODS. A maioria deles, porém, está propensa a apoiar apenas as metas de maior urgência, como aquelas relacionadas à alimentação, água, saúde e energia. Quando se trata de objetivos mais complexos, como as desigualdades de gênero e de renda, observa-se uma desmobilização.

O papel das empresas na supressão dessa falta de compromisso é claro. Ao incluir os ODS em seu marketing e suas atividades de negócios, as empresas podem ajudar a integrar as metas na vida do cliente, sem descontinuidades. Isso aumentará a familiaridade com os ODS, afastando-os da ideia de uma iniciativa puramente governamental.

Em outras palavras, as empresas podem enxergar os ODS a partir de duas perspectivas gerais: a humanitária e a ambiental. Por um lado, tornar o mundo um lugar melhor exige melhorar as oportunidades para as pessoas no planeta – garantindo o atendimento de suas necessidades primárias, o aprendizado de competências básicas e a igualdade de oportunidades. Por outro lado, também exige preservar e proteger o meio ambiente – tornando-o um lar sustentável para as futuras gerações.

Os ODS também promovem tanto a geração de riqueza quanto sua distribuição justa. Objetivos específicos buscam criar o ecossistema e as condições ideais para que todos prosperem. Desenvolver uma infraestrutura de qualidade e moradias seguras, bem como reduzir os índices de criminalidade e corrupção, são alguns exemplos dessas metas. Outros objetivos focam na disseminação uniforme das oportunidades para prosperar, sobretudo para os grupos marginalizados. Entre os exemplos, estão eliminar a discriminação contra as mulheres e garantir igualdade de acesso à educação.

Essa categorização ajuda a simplificar as metas, permitindo às empresas compreendê-las e priorizar aquelas em que podem contribuir melhor. Cuidar dos 17 objetivos pode ser um pouco excessivo e desestimulante. Na essência, porém, esses objetivos são apenas uma questão de promover o desenvolvimento inclusivo e sustentável. Portanto, as empresas podem identificar rapidamente onde é possível gerar verdadeiro impacto dentro da própria cadeia de valor.

Na linha de frente da inclusividade, as empresas do setor de saúde, por exemplo, podem se dedicar à promoção de um estilo de vida saudável e à oferta de ferramentas de diagnóstico e medicamentos para os mais pobres no meio rural. Na linha de frente da sustentabilidade, as empresas podem utilizar a tecnologia e entregar serviços de telemedicina a regiões remotas, reduzindo deslocamentos, economizando energia e reduzindo emissões de carbono.

Uma empresa de serviços financeiros pode estimular a inclusão financeira mirando mercados carentes e utilizando um modelo de *fintech* (tecnologia financeira). Ao mesmo tempo, pode adotar e facilitar investimentos sustentáveis – por exemplo, financiando o desenvolvimento de energias renováveis e evitando, ao mesmo tempo, investimentos em projetos que causam degradação ambiental.

As empresas do setor industrial podem contribuir para a sustentabilidade adotando o modelo de economia circular, que emprega a redução, o reúso e a reciclagem dos materiais de produção. Também podem contribuir para a economia inclusiva por meio da contratação de minorias e do envolvimento de pequenos negócios na cadeia de suprimentos.

No curto prazo, as empresas se darão conta dos benefícios diretos e indiretos da adoção dessas práticas inclusivas e sustentáveis. Operações energeticamente eficientes nos escritórios e nas fábricas levam a uma redução de custos. E o corte de deslocamentos, em virtude do trabalho remoto e do transporte compartilhado, também vai gerar alguma economia.

Além disso, preocupar-se com os desfavorecidos abre novas oportunidades de mercado e, o mais importante, obriga as empresas a fazer inovação reversa. No passado as inovações costumavam vir dos países desenvolvidos, chegando aos poucos às nações em desenvolvimento. Hoje acontece o contrário. Empresas como a General Electric, por exemplo, vêm criando equipamentos médicos de baixo custo para países em desenvolvimento para só então negociá-los nos países desenvolvidos – reposicionando-os como aparelhos "portáteis".

Estabelecer metas claras a serem atingidas é útil para que as empresas compreendam a escala e o alcance de seu ativismo. Também permite que incentivem a implementação dentro da própria organização. Mensurar e monitorar os benefícios estimula as empresas a insistir nessas práticas. Isso torna evidente que o ativismo corporativo não é apenas uma responsabilidade, mas um bom investimento. Além disso, divulgar os resultados de forma transparente vai inspirar empresas do mesmo setor a seguirem o exemplo, ajudando parceiros em potencial a identificar possibilidades de colaboração.

Resumo: Como criar inclusividade e sustentabilidade para a sociedade

Um dos maiores desafios que os profissionais de marketing enfrentam hoje é a extrema polarização que vem ocorrendo em todos os aspectos da vida humana - do mercado de trabalho às ideologias, passando pelos estilos de vida e pelos mercados. A causa profunda é o abismo cada vez maior entre as classes socioeconômicas no topo e na base. O mercado intermediário começa a desaparecer, migrando para baixo ou para cima.

Quando tudo fica polarizado, existem apenas duas maneiras relevantes de posicionar marcas e empresas. Isso limita os mercados nos quais as empresas podem atuar. Porém, mais grave que isso, limita as oportunidades de crescimento, sobretudo em um ambiente de desaceleração da economia e de proliferação de atores.

O marketing inclusivo e sustentável - alinhado aos Objetivos de Desenvolvimento Sustentável (ODS) - resolve esse problema com uma redistribuição melhor da riqueza, que, por sua vez, restabelecerá a configuração anterior da sociedade. As empresas precisam embutir esse conceito no modelo de negócios, reinvestindo com propósito na sociedade. E também precisam utilizar a tecnologia, pois ela irá desempenhar um papel central na aceleração do progresso e na criação de oportunidades para todos.

PERGUNTAS PARA REFLEXÃO

- Você adotou o conceito da centralidade do ser humano em sua empresa e incluiu o impacto social em sua visão, sua missão e seus valores?
- Pense em como pode ampliar seu impacto alinhando sua estratégia aos Objetivos de Desenvolvimento Sustentável (ODS). Quais dos 17 objetivos têm relação com seu negócio?

4 | O fosso digital

Como tornar a tecnologia mais pessoal, social e experiencial

Em sua edição de abril de 2000, a revista *Wired* publicou um artigo intitulado "Por que o futuro não precisa de nós", de Bill Joy – um dos fundadores da Sun Microsystems. O artigo imaginava um cenário distópico no qual máquinas com inteligência superior substituiriam o ser humano – o que foi batizado de Era da Singularidade. Naquele último ano do século XX, a *Wired* também publicou várias outras reportagens de capa explorando a combinação de robótica com inteligência artificial (IA) e prevendo como essas tecnologias avançadas impactariam o futuro da humanidade.

Duas décadas depois, o cenário previsto ainda não se materializou. A Singularidade ainda é tema de debate. Elon Musk, da Tesla, e Jack Ma, da Alibaba, tiveram uma famosa controvérsia sobre o tema "ser humano versus máquina" no palco da Conferência Mundial de IA em 2019. Musk reforçou o receio de Bill Joy de que a IA pode acabar com a civilização humana, ao passo que Ma sustentou que o ser humano sempre será muito superior à máquina por conta da capacidade emocional.

Os empresários sempre viram com receio as ameaças representadas pela IA, que vão da perda de empregos à extinção da humanidade. Mas muitos se perguntam se esse perigo foi superestimado. Muito tempo atrás imaginamos um futuro de automação movida a IA, além de casas inteligentes totalmente automatizadas, carros autônomos e impressoras 3D que se autorreproduzem. Mas a automação só levou ao surgimento desses produtos sob a forma de protótipos limitados, que não se tornaram de uso corrente.

A automação vai, de fato, continuar a acabar com uma parte dos empregos. O Instituto Brookings estima que ela ameace substituir 25% dos empregos nos Estados Unidos, sobretudo em tarefas repetitivas. Mas a IA ainda tem muito a evoluir até alcançar a inteligência humana e tomar seu lugar por completo. Até os proponentes da Singularidade acreditam que levará algumas décadas até que ela ocorra. Ray Kurzweil, do Google, e Masayoshi Son, do Softbank, previram que a Singularidade só virá a ocorrer em torno de 2045 ou 2050.

O fosso digital ainda existe

Em 2020 havia quase 5 bilhões de usuários da internet. É um número que continua a crescer a uma taxa de 1 milhão de novos usuários por dia, segundo estimativa da agência de marketing We Are Social. Portanto, chegar a 90% de penetração global vai levar mais uma década. Em 2030 haverá mais de 8 bilhões de usuários da internet em todo o planeta, o que representa mais de 90% da população mundial.

A barreira fundamental à conectividade não é mais a disponibilidade e a acessibilidade da internet. Quase toda a população global já convive com cobertura de redes de telefonia móvel. Vejamos, por exemplo, a Indonésia. O quarto país mais populoso da Terra implantou mais de 350 mil quilômetros de rede de fibra óptica terrestre e submarina para oferecer acesso à internet de alta velocidade à população de suas mais de 17 mil ilhas, segundo Johnny Plate, ministro das Comunicações e Tecnologia da Informação.

Os obstáculos principais, em vez disso, são o custo do acesso e a simplicidade dos sistemas. E, como o uso da internet não é disseminado por igual, a maioria dos novos usuários virá de mercados emergentes. Em geral, esses mercados são *mobile-first* e *mobile-only*, ou seja, o celular é a primeira e única fonte de acesso. Celulares acessíveis, sistemas operacionais mais leves, planos de dados baratos e pontos de acesso (*hotspots*) grátis de wi-fi são motores vitais para alcançar o segmento do "Próximo Bilhão de Usuários".

Além de conectar as pessoas, a internet também conecta aparelhos e máquinas – o que também é conhecido como internet das coisas (IoT, do inglês *Internet of Things*). Ela pode ser utilizada para propósitos de monitoramento, como medições inteligentes e rastreamento de ativos, tanto no contexto doméstico quanto no industrial. Com a IoT, na qual os aparelhos e as máquinas podem se comunicar entre si, tudo pode ser gerido remota e automaticamente, sem a necessidade de operadores humanos. Dessa forma, no fim das contas, a IoT vai se tornar a espinha dorsal da automação, ao passo que a IA se torna o cérebro que controla os aparelhos e as máquinas.

Embora as empresas de tecnologia tenham previsto que até 2030 centenas de bilhões de aparelhos de IoT estejam conectados, na prática isso tem ocorrido lentamente. A Gartner estimou que em 2020 havia apenas cerca de 6 bilhões de aparelhos IoT instalados, sobretudo sob a forma de medidores inteligentes de consumo de energia elétrica e vigilância de edifícios. O maior impulso ao crescimento desse número vem do 5G – a quinta geração de tecnologia celular. O 5G é até 100 vezes mais veloz e dá suporte a 10 vezes mais aparelhos que a atual rede 4G, o que o torna muito mais eficiente para a IoT.

A conectividade quase onipresente ser humano-ser humano e máquina-máquina é a infraestrutura básica para uma economia plenamente digital. Viabiliza a automação e a fabricação remota – tornando obsoletas as cadeias de abastecimento tradicionais. Possibilita que ocorram sem descontinuidade as interações e transações, de maneira satisfatória para comprador e vendedor. No contexto profissional, cria melhor coordenação entre os funcionários e aumenta a eficiência dos processos gerenciais – aumentando, em última instância, a produtividade dos empregados.

Mas uma infraestrutura plenamente digital não é garantia de uma sociedade plenamente digital. As tecnologias digitais ainda estão sendo usadas sobretudo para fins de comunicação básica e consumo de conteúdo. Aplicações avançadas ainda são raras, mesmo no setor privado. Para acabar com esse fosso digital, tanto as empresas quanto os consumidores precisam adotar mais tecnologias.

Embora o acesso à infraestrutura digital seja o mesmo, a taxa de adoção tecnológica varia conforme o setor. As áreas de alta tecnologia, mídia e entretenimento, telecomunicações e serviços financeiros estão entre as adotantes iniciais da digitalização. Por outro lado, setores como os de construção, mineração, serviços de saúde e governos ficaram para trás.

São muitos os fatores que influenciam essa diferença na disposição de implementar a digitalização. Quem é líder de mercado costuma hesitar em substituir ativos físicos acumulados por outros virtuais. Em geral, porém, um novo concorrente – um inovador digital com uma operação menos capitalizada – acaba forçando o líder a agir. Outra força impulsionadora é a necessidade de reduzir a força de trabalho e outros custos diante do declínio na produtividade. Em setores que vêm perdendo lucratividade, essa pressão pela digitalização é ainda mais intensa.

Mas o motor decisivo para a digitalização é a demanda dos consumidores. Quando o cliente exige canais digitais de comunicação e transações, as empresas são obrigadas a ceder. Quando o cliente dá enorme valor à experiência digital de consumo, a criação de um *case* de negócios para o investimento será justificado. Assim, o fosso digital pode ser eliminado. Um mercado mais digital levará a melhores práticas de marketing, permitindo que as empresas adotem o Marketing 5.0.

Os riscos e as promessas da digitalização

Tradicionalmente, por "fosso digital" entende-se o abismo entre os segmentos com acesso às tecnologias digitais e aqueles sem acesso. Mas o verdadeiro fosso digital é aquele existente entre os defensores e os críticos da digitalização. Existe uma visão polarizada ao se discutir se um mundo plenamente digital traz mais oportunidades ou mais ameaças (ver Figura 4.1). O fosso digital continuará a existir se não cuidarmos dos riscos e não explorarmos as possibilidades.

Figura 4.1 Riscos e promessas da digitalização

Os riscos da digitalização

Existem cinco ameaças da digitalização que instilam medo no coração de muita gente.

Número 1: automação e perda de empregos. À medida que as empresas incorporarem mais tecnologias de automação, como a robótica e a IA, a seus processos, haverá perda de empregos. O objetivo da automação é otimizar a produtividade, utilizando menos recursos e aumentando a confiabilidade. Mas nem todo emprego estará em risco. Tarefas repetitivas, que adicionam pouco valor e muito sujeitas a erros humanos, são bolas quicando para a automação robótica de processos (ARP). Empregos que exigem empatia humana e criatividade, porém, são bem mais difíceis de substituir.

A ameaça também não é a mesma em todo o planeta. Nos países desenvolvidos, onde o custo com pessoal é maior, o impacto da automação sobre a eficiência será mais significativo. Nos países emergentes, por outro lado, o custo de implementação da automação para substituir o trabalho humano ainda é difícil de justificar. São variações que tornam ainda mais difícil eliminar o fosso digital.

Número 2: desconfiança e medo do desconhecido. A digitalização está se tornando bem mais complicada do que simplesmente conectar as pessoas por meio de celulares e redes sociais. Ela se infiltrou em todos os aspectos da vida humana - do comércio à mobilidade, passando pela educação e pelo setor de saúde. Para essa digitalização complexa, a tecnologia de IA é fundamental. O objetivo dela é não apenas imitar, mas superar a inteligência humana.

Algoritmos e modelos avançados de IA estão, em geral, além da compreensão humana. E aquilo sobre o que o ser humano sente não ter controle cria ansiedade e nos leva a reagir de forma defensiva. Isso é particularmente verdadeiro em relação a aplicações que exigem um elevado grau de confiança, como gestão financeira, veículos autônomos e tratamentos médicos. Questões de confiança serão um fator relevante para tolher a adoção de tecnologias digitais.

Número 3: temores quanto a segurança e privacidade. A IA alimenta dados e as empresas coletam dados de bases de clientes, históricos de transações, redes sociais e outras fontes. Com esses dados, o motor de IA cria modelos de perfis e algoritmos preditivos, que permitem às empresas compreender mais profundamente o comportamento passado e futuro do cliente. Alguns consumidores encaram essa funcionalidade como uma ferramenta de customização e personalização. Outros, porém, a enxergam como uma invasão de privacidade visando o lucro comercial.

A tecnologia digital também apresenta uma ameaça à segurança nacional. Sistemas de armamentos autônomos, como drones de combate, são mais difíceis de defender. Quando todos os aspectos da vida humana já são digitais, os países ficam mais suscetíveis a ciberataques. Um atentado contra uma rede de IoT, por exemplo, pode desabilitar toda a infraestrutura digital de um país. As empresas e os países precisam superar esses temores quanto a privacidade e segurança, que continuam a ser um obstáculo importante à adoção de tecnologias.

Número 4: filtro das bolhas e era da pós-verdade. Tanto os mecanismos de busca quanto as redes sociais suplantaram as mídias tradicionais como fonte primária de informação na era digital. Eles detêm o poder de moldar as percepções e formar opiniões. Mas existe um problema inerente a essas ferramentas: o uso de algoritmos que disponibilizam informações sob medida para o perfil de cada usuário. Os resultados de busca personalizados e os *feeds* das redes sociais acabam reforçando as crenças preexistentes – gerando opiniões extremadas e polarizadas.

Ainda mais preocupante é o surgimento de um mundo de pós-verdade, no qual se tornou mais difícil distinguir entre um fato e uma mentira. A desinformação está por toda parte – dos boatos aos *deep fakes* (vídeos falsos criados com softwares de IA que reproduzem a aparência, as expressões e até a voz de pessoas reais). Valendo-se do poder da IA, é mais fácil criar áudios e vídeos falsos que parecem reais. Precisamos lidar com essa consequência involuntária da tecnologia para suplantar o fosso digital.

Número 5: estilo de vida digital e efeitos colaterais comportamentais. Os aplicativos de celular, as redes sociais e os jogos oferecem um estímulo e um engajamento permanentes, que deixam as pessoas grudadas às telas durante horas. Esse vício pode impedir muita gente de constituir interações pessoais, fazer atividade física e ter hábitos de sono adequados – afetando o bem-estar geral. O excesso de tempo de tela também encurta a janela de atenção e dificulta o foco em tarefas produtivas.

As tecnologias digitais também tornam as atividades diárias mais convenientes e menos penosas – da entrega em domicílio do supermercado à navegação com o Google Maps pelas ruas. Isso torna as pessoas dependentes e displicentes. Ao tomar decisões, ignoramos nosso julgamento e confiamos naquilo que o algoritmo de IA nos propõe. Deixamos as máquinas trabalharem e intervimos menos, criando aquilo que vem sendo chamado de viés de automação. Superar esses efeitos colaterais comportamentais será um desafio significativo para universalizar a digitalização.

As promessas da digitalização

Apesar dos riscos, a digitalização abre as portas para imensas possibilidades de desenvolvimento da sociedade. Relacionamos cinco cenários em que a digitalização agrega valor.

Número 1: economia digital e geração de riqueza. Em primeiro lugar, a digitalização possibilita o advento da economia digital, uma criadora maciça de riqueza. A digitalização permite que as empresas construam plataformas e ecossistemas para processar transações em grande escala, sem fronteiras geográficas e setoriais. As tecnologias digitais empoderam as empresas para inovar não apenas na experiência do cliente, mas também no modelo de negócios. Elas ajudam as empresas a atender as expectativas cada vez maiores dos clientes, aumentar a disposição ao desembolso e, no fim das contas, impulsionar mais criação de valor.

Ao contrário dos modelos tradicionais, os modelos de negócios digitais exigem menor quantidade de ativos, permitem transações mais rápidas e podem ter a escala aumentada com facilidade. Portanto, permitem às empresas obter crescimento exponencial em pouco tempo. A digitalização ao longo da experiência do cliente também gera produtividade mais alta e maior lucratividade, graças à redução de erros e de custos.

Número 2: big data e aprendizado permanente. As plataformas digitais e os ecossistemas transformam nossa maneira de fazer negócios. Sem descontinuidades, elas conectam as diferentes partes – empresas, clientes e outros interessados – em comunicações e transações sem limites. Em vez de acumular ativos físicos, essas plataformas e ecossistemas, em diversos setores, coletam uma imensa quantidade de dados brutos, que servem de combustível para os motores de IA criarem uma enorme base de conhecimento.

Essa base digital de conhecimento vai acelerar ainda mais a expansão dos Cursos On-line Abertos e Maciços (MOOCs, do inglês *massive open online courses*), reforçando-os com treinamentos e professores assistentes geridos por inteligência artificial. Isso permitirá que as pessoas aprendam novas competências de forma contínua, garantindo sua relevância na era da IA.

Número 3: casa inteligente e realidade aumentada. A digitalização pode tornar realidade coisas que só vimos em filmes utópicos. Em um mundo plenamente digitalizado, viveremos em casas inteligentes, nas quais cada ato é automatizado ou ativado por voz. Um robô assistente ajudará nas tarefas domésticas. A geladeira fará encomendas automáticas e drones entregarão as compras. Sempre que precisarmos de alguma coisa, poderemos imprimi-la em 3D. Na garagem, um veículo elétrico autônomo estará a postos para nos levar aonde quisermos.

Quando isso acontecer, a conexão entre nós e o mundo digital não estará mais restrita ao nosso telefone celular. A interface se ampliará para aparelhos menores, usados na roupa ou até implantados no corpo – criando uma realidade aumentada. Por exemplo, a empresa Neuralink, de Elon Musk, está desenvolvendo um chip implantável para criar uma interface cérebro-computador, permitindo que o ser humano controle computadores com a mente.

Número 4: mais bem-estar e vida mais longa. Quanto ao bem-estar, a biotecnologia avançada tem o objetivo de estender a duração da vida humana. Usando o big data na área da saúde, a IA vai permitir a descoberta de novos medicamentos e uma medicina de precisão – com diagnósticos personalizados e tratamentos feitos sob medida para pacientes individuais. A genômica vai viabilizar a engenharia genética para prevenir e curar doenças genéticas. A neurotecnologia estará mais perto de implantar chips para tratar transtornos cerebrais. O monitoramento da saúde em tempo real, com aparelhos implantáveis ou vestíveis, permitirá cuidados preventivos de saúde.

Além disso, avanços semelhantes estão sendo obtidos na tecnologia alimentar. A combinação de biotecnologia e IA visa otimizar a produção e a distribuição de alimentos para prevenir a fome e a desnutrição. Também assistimos à ascensão de startups de tecnologia para idosos, que oferecem produtos e serviços a uma população que envelhece, cuidando da longevidade e melhorando a qualidade de vida.

Número 5: sustentabilidade e inclusividade social. A digitalização também vai desempenhar um papel relevante na garantia da sustentabilidade ambiental. O compartilhamento de veículos elétricos será um dos principais impulsionadores. O conceito de partilha de energia solar *peer-to-peer*, que permite a vizinhos utilizarem eletricidade que sobra, também ajudará na economia de energia.

Na indústria, a IA ajudará a reduzir o desperdício, do projeto à produção, passando pela escolha de matérias-primas. Com a IA será estabelecida uma economia circular – um sistema de ciclo fechado de uso contínuo de materiais por meio do reúso e da reciclagem.

Ao reduzir o fosso digital e atingir a conectividade global, uma sociedade verdadeiramente inclusiva será criada, proporcionando acesso igualitário ao mercado e know-how para comunidades de baixa renda. Isso irá melhorar o padrão de vida e ajudar a acabar com a pobreza.

A visão polarizada em relação à digitalização é o novo fosso digital. Para pôr fim ao debate, é preciso mergulhar bem fundo no lado humano das tecnologias, usando-as como a alavanca para obter do ser humano o que ele tem de melhor.

A tecnologia pode ser pessoal

Na era do Marketing 5.0 o cliente espera que a empresa o compreenda e lhe entregue uma experiência personalizada. Embora isso seja factível quando o número de clientes é diminuto, torna-se um desafio quando a escala e a frequência aumentam. É imprescindível usar a tecnologia para criar modelos de perfis de consumidores específicos, gerar ofertas sob medida, proporcionar conteúdo customizado e entregar essas experiências personalizadas.

A IA valoriza cada ponto de contato ao longo do caminho do consumidor de três maneiras. Em primeiro lugar, ela possibilita uma seleção de mercados-alvo mais inteligente, entregando a oferta ideal, no momento ideal, para o cliente ideal. Em segundo lugar, garante uma adequação melhor do produto, de modo que as empresas podem oferecer produtos personalizados e até permitir que o cliente customize o seu. Por fim, a IA permite melhorar o engajamento. A empresa que entrega conteúdo sob medida interage de forma mais íntima com o cliente.

Usar a IA para a personalização aumenta a satisfação e a lealdade do cliente, o que, por sua vez, aumenta a aceitação do compartilhamento de dados. Se os benefícios concretos da personalização superarem a ameaça da violação de privacidade, o cliente se tornará mais propenso a compartilhar informações pessoais. A chave é aceitar a seletividade da atenção humana e criar uma percepção de controle. O consumidor acha a personalização mais aceitável quando isso facilita sua tomada de decisões e ao mesmo tempo lhe confere algum controle.

A aceitação da atenção seletiva

No livro *O paradoxo da escolha*, Barry Schwartz alega que, ao contrário do que prega a crença popular, ter menos escolhas a fazer reduz a ansiedade da tomada de decisão e aumenta a felicidade. De fato, o ser humano nasce com atenção seletiva. Temos tendência a canalizar nossa atenção para estímulos relevantes, bloqueando os irrelevantes. Isso nos permite filtrar e processar as informações, considerando os limites de nossa janela de atenção e focando naquilo que é importante.

O excesso de opções de produtos, mensagens publicitárias e opções de canais nos desvia de uma decisão de compra que deveria ser simples. Passamos a considerar que tomar decisões complexas não é um problema nosso e que as empresas são responsáveis por simplificar as alternativas e fazer a recomendação ideal. A tecnologia de IA precisa substituir a atenção seletiva que faz filtros em nossas mentes, tornando mais administrável a tomada de decisões nesta era de sobrecarga de informações.

Dispondo de milhões de perfis e resenhas de consumidores, as empresas podem ser capazes de casar as demandas específicas dos clientes com as soluções. No setor de bens industrializados, por exemplo, algoritmos de IA conseguem sugerir o tipo exato de produto e decidir a partir de qual centro de distribuição enviá-lo. No setor de seguros, modelos de IA podem empoderar as empresas no sentido de um pacote de cobertura otimizado, com um preço baseado no comportamento anterior do titular da apólice.

Como permitir o controle individual

O desejo de ter controle sobre si mesmo e sobre o entorno faz parte da natureza humana. E está demonstrado que a percepção de controle – a sensação de estar no comando das decisões e dos resultados – aumenta a felicidade. Por isso as empresas precisam mostrar que a tecnologia torna mais fácil para o consumidor possuir esse tipo de controle sobre as decisões de compra.

Limitar as opções do consumidor não quer dizer oferecer apenas uma opção. O cliente deve poder customizar até um produto personalizado pelas empresas com a ajuda da automação. Cada cliente tem uma expectativa diferente em relação ao grau de controle sobre a escolha do produto e do ponto de contato. A tecnologia permite às empresas prever esse desejo de controle, proporcionando o equilíbrio exato entre personalização e customização.

O processo entre empresas e clientes deve ser de cocriação, não apenas na escolha do produto, mas também na experiência geral do consumidor. Todo cliente aspira a um conjunto de experiências único na interação com os mesmos produtos e serviços. Uma metodologia de fabricação e de pontos de contato desagregada permite que o consumidor selecione o elemento da experiência de consumo que lhe convier. É, na essência, uma cocriação de experiências, que, por sua vez, aumentará a sensação de domínio do ponto de vista do cliente.

A tecnologia pode ser social

As mídias sociais transformaram as atitudes e as expectativas dos consumidores em relação às empresas. A maioria dos consumidores acredita que suas redes sociais vão além de simples publicidade e opiniões de especialistas. Hoje as decisões de compra não são guiadas apenas pelas preferências individuais, mas também por um desejo de pertencimento social. As mídias sociais também elevam as expectativas. O cliente demanda acesso ao serviço de atendimento ao consumidor e exige resposta imediata. O ser humano sempre foi social, mas as mídias sociais levaram essa nossa tendência a um passo além.

No Marketing 5.0 as empresas precisam reagir a isso através da adoção de tecnologias sociais no contato direto com o consumidor e nos processos de *back-end*. A aplicação mais popular na linha de frente é o atendimento social ao consumidor, proporcionando um canal de comunicação alternativo para a interação com o cliente. Para uso interno, as empresas podem adotar ferramentas sociais que facilitem a comunicação entre os funcionários, possibilitem o compartilhamento de conhecimento e estimulem a colaboração.

As tecnologias se tornam mais desejáveis quando permitem e promovem a conexão social. A criação de canais em mídias sociais é um começo, mas não se pode parar por aí. A IA permite que as empresas mergulhem nesses dados de conexões sociais, extraindo sentido deles. Esse aprendizado profundo traz ideias novas para refinar a mensagem e influenciar o comportamento dos usuários nas redes.

Como facilitar a conexão interpessoal

Nós, seres humanos, nascemos vulneráveis e dependentes de nossos pais e cuidadores para a satisfação de nossas necessidades básicas. Durante a infância aprendemos aos poucos a nos comunicar e a interagir com aqueles à nossa volta, como método primário de aprendizado intelectual e emocional. Nessa interação compartilhamos histórias e ideias, além de imitarmos as expressões e emoções de nossos pares. É por isso que o cérebro humano foi programado para ser social desde um estágio muito precoce de nossas vidas.

Nossa natureza de seres sociais explica o sucesso das mídias sociais como aplicação tecnológica. Nós gostamos de ouvir as experiências pessoais alheias e de contar as nossas. Como intercâmbio de deixas visuais, as mídias sociais criam uma plataforma alternativa de preenchimento de nossas necessidades sociais além da conversa cara a cara.

Outras aplicações da tecnologia aos negócios também podem alavancar o desejo humano de conexão social. A tecnologia pode facilitar o compartilhamento de experiências e informações, por exemplo, através de blogs, fóruns e wikis. As conversas podem ser expandidas, não apenas entre empresas e clientes, mas entre os próprios clientes. O modelo de *crowdsourcing* é um exemplo de como a tecnologia conecta e faz colaborarem pessoas com diferentes habilidades e competências. Além disso, o comércio social turbinado pela tecnologia facilita as transações entre compradores e vendedores em plataformas de e-commerce.

Como impulsionar a busca pelas aspirações

Como seres sociais, observamos as histórias de vida de outras pessoas e as comparamos com as nossas. Os amigos nas redes sociais passam a ser nossa régua. Sentimos uma ânsia por imitar o comportamento e o estilo de vida de outros, principalmente aqueles que parecem estar vivendo vidas mais empolgantes, por conta do FOMO (o medo de ficar de fora). As expectativas pessoais passaram a ser definidas por um ambiente social que nos influencia e motiva o tempo todo a buscar objetivos mais altos.

A tecnologia deve explorar essa busca oculta por aspirações embutida nas redes sociais. O marketing de conteúdo movido por IA, a gamificação e as redes sociais podem ajudar a auxiliar o desejo inato do ser humano por reconhecimento dos pares e ascensão social. Em vez de bancar a babá do consumidor, com sugestões e recomendações, a IA precisa exercer uma influência sutil, por meio dos modelos já existentes – amigos, família e comunidade – a quem o consumidor ouve mais do que às empresas.

Ao alavancar essa influência social, porém, as empresas precisam ir além da venda de produtos e serviços. A tecnologia pode se tornar uma poderosa ferramenta de modificação comportamental que impulsiona o ativismo digital e, em última instância, a transformação social. Inspirar e incentivar as pessoas a buscar um estilo de vida mais responsável por meio das redes sociais pode vir a ser uma contribuição significativa da tecnologia para a humanidade.

A tecnologia pode ser experiencial

O consumidor avalia as empresas não apenas em relação à qualidade dos produtos e serviços. Ele dá notas para sua jornada de cliente como um todo, que abarca todos os pontos de contato em todos os canais. Portanto, a inovação precisa focar não apenas nos produtos, mas na experiência completa. Além de estabelecer uma diferenciação do produto, as empresas precisam intensificar a comunicação, reforçar a presença nos canais e aprimorar o serviço ao cliente.

O advento da digitalização impulsiona a demanda para uma experiência onicanal. O cliente está o tempo todo passando de um canal para outro - do on-line para o off-line e vice-versa - e tem a expectativa de uma experiência consistente e sem descontinuidade, sem que se perceba uma desconexão. As empresas têm que proporcionar interações integradas com tecnologia de ponta (*high-tech*) e altamente táteis (*high-touch*).

No Marketing 5.0 as tecnologias de *back-end*, como a IA e o *blockchain*, desempenham um papel significativo na viabilização da integração sem descontinuidade. Por outro lado, tecnologias de linha de frente, como sensores, robótica e comando de voz, bem como as realidades aumentada e virtual, podem turbinar os pontos de contato presenciais na jornada do cliente.

Como empoderar a interação altamente tátil

Um dos pontos fracos das máquinas é a incapacidade de imitar o tato humano. A robótica de ponta e as peles artificiais com sensores ainda estão em desenvolvimento na tentativa de resolver esse problema. Mas a questão não é apenas recriar uma sensação realista, mas interpretar emoções variadas e complexas a partir de um toque humano.

O ser humano é capaz de interpretar as emoções de seus pares por um simples toque. Uma pesquisa realizada por Matthew Hertenstein revelou que somos capazes - com até 78% de precisão - de comunicar a outras pessoas, pelo toque, oito emoções diferentes: raiva, medo, nojo, tristeza, empatia, gratidão, amor e felicidade. É complicado ensinar essas emoções tão subjetivas a máquinas que se baseiam apenas em padrões lógicos, constantes e quantificáveis.

Portanto, a entrega de produtos e serviços ainda deverá exigir um equilíbrio entre as interações com tecnologia de ponta (*high-tech*) e as interações altamente táteis (*high-touch*). No entanto, a tecnologia pode desempenhar um papel importante na entrega do *high-touch*. Tarefas burocráticas e de pouco valor agregado precisam ser assumidas pelas máquinas – liberando o pessoal da linha de frente para dedicar mais tempo às atividades de contato direto com o cliente. A efetividade dos pontos de contato presenciais também pode ser ampliada pela criação do perfil do cliente assistido por IA, fornecendo pistas para a equipe da linha de frente ajustar a abordagem de comunicação e propor a solução exata.

Como permitir engajamento constante

O nível de felicidade do ser humano tende a ser estável. Ao termos uma experiência empolgante e positiva, a felicidade pode aumentar rapidamente, mas acaba voltando ao nível de base. Da mesma forma, quando temos uma experiência desmotivadora e negativa, a felicidade sofre uma queda, mas se recupera e volta ao nível original. Na psicologia, isso tem o nome de "esteira hedônica" – termo cunhado por Brickman e Campbell –, na qual a satisfação em relação à experiência de vida tende a ficar sempre em torno de um certo patamar básico.

É por essa razão que nós, como consumidores, logo ficamos entediados e nunca estamos plenamente satisfeitos. Buscamos engajamento constante ao longo de toda a jornada do cliente. E de tempos em tempos as empresas precisam aperfeiçoar e renovar sua experiência do consumidor para não serem trocadas pelos concorrentes.

Criar continuamente uma nova experiência do cliente é uma façanha complicada. Mas, com a digitalização, as empresas podem acelerar o tempo de chegada ao mercado das inovações nessa experiência. Ficou mais fácil para as empresas realizar experiências rápidas, testar conceitos e lançar protótipos no espaço digital.

A inovação na experiência digital do cliente, porém, evoluiu e já não basta apenas mudar o design da interface do usuário. Dos *chatbots* à realidade virtual, passando pelo controle de voz, as tecnologias emergentes estão transformando a maneira como as empresas se comunicam com os clientes. Tecnologias como a IA, a IoT e o *blockchain* também estão aumentando a eficiência do *back-end*, permitindo assim uma experiência do cliente mais veloz.

Resumo: Como tornar a tecnologia mais pessoal, social e experiencial

O fosso digital ainda existe. Vai ser necessária pelo menos mais uma década até que se atinja a penetração universal da internet. Mas o acesso, por si só, não põe fim ao fosso digital. Para que nos tornemos uma sociedade plenamente digital, precisamos aplicar a tecnologia a todos os aspectos de nossas vidas, além da simples comunicação on-line e das mídias sociais. Apesar dos temores e das ansiedades que a digitalização suscita, os benefícios para a humanidade são evidentes.

No Marketing 5.0 as empresas precisam demonstrar ao cliente que a tecnologia, aplicada de forma correta, pode aumentar o grau de felicidade das pessoas. As tecnologias possibilitam uma abordagem personalizada da solução de problemas, sem deixar de permitir a customização opcional. O consumidor precisa ser convencido de que a digitalização não acaba com os relacionamentos sociais. Ao contrário, ela propicia uma plataforma de construção de uma conexão mais íntima entre o consumidor e sua comunidade. É preciso acabar com a dicotomia entre ser humano e máquina. Para entregar uma experiência de consumo ainda melhor, é imperiosa a integração das interações *high-tech* e *high-touch* (ver Figura 4.2).

Figura 4.2 A bússola tecnológica: como tornar a tecnologia mais pessoal, social e experiencial

PERGUNTAS PARA REFLEXÃO

- Quais são seus pontos de vista pessoais em relação à tecnologia? Reflita sobre como a tecnologia pode empoderar ou revolucionar sua organização.
- Avalie se as tecnologias implementadas atualmente em sua organização lhe permitem proporcionar soluções pessoais, sociais e experienciais aos clientes.

Parte III

Novas estratégias para um marketing movido a tecnologia

5 | A organização digitalizada

A mesma estratégia não serve para todos

Nos anos 1950, um grupo de cientistas fez uma experiência com macacos na ilha de Kojima. Os pesquisadores espalhavam batatas-doces pela areia de uma praia para os primatas comerem. Certo dia, uma jovem macaca, batizada Imo, percebeu que as batatas ficavam mais gostosas quando eram lavadas antes. Imo começou a ensinar esse novo hábito de higiene alimentar aos amigos mais próximos e membros mais velhos da família. A mudança começou devagarzinho. Mas, por fim, quando a maioria dos macacos adotou essa prática, o restante começou a aceitá-la como a nova norma. O fenômeno ganhou o nome de "efeito do centésimo macaco", uma referência à massa crítica necessária para que ocorra uma transformação comportamental.

Da mesma forma, as gerações mais jovens são as que estão liderando no que diz respeito à transformação digital. Juntas, a geração Y e a geração Z formam o maior mercado consumidor da história. As empresas estão realinhando suas estratégias às preferências dessas gerações. E elas também são as maiores na força de trabalho, influenciando as empresas a partir de dentro. Por isso é enorme o impacto delas na transformação das tecnologias digitais em algo corrente. No entanto, para que o estilo de vida digital se torne a nova norma, essa mudança precisa ocorrer em grande escala e por igual entre todas as gerações e classes socioeconômicas.

O processo de digitalização vem acontecendo de forma bastante rápida no mundo inteiro. Todos parecem estar adotando o estilo de vida digital, tornando impensável viver sem ele. Apesar disso, ainda persiste certa inércia. Muitos consumidores ainda estão acostumados ao jeito tradicional de comprar e consumir produtos e serviços. Da mesma forma, muitas empresas vêm procrastinando a transformação digital - um pré-requisito do Marketing 5.0. A pandemia de covid-19, porém, mudou tudo isso, abrindo a mente de todos quanto à necessidade de passar para o digital.

Estudo de caso: A covid-19 como aceleradora da digitalização

Empresas de todo o planeta sofreram um golpe com o surto de covid-19. A maioria delas não estava preparada por nunca ter enfrentado algo como uma pandemia. A impressão é de que não há empresa que não esteja sofrendo com perda de receita e problemas de fluxo de caixa, tendo ao mesmo tempo que gerir funcionários atingidos pessoalmente pela doença. As empresas se veem em meio ao caos e ao dilema de definir qual é o plano de emergência correto para sobreviver e, quem sabe, ressurgir mais fortes.

A pandemia - e o distanciamento social imposto por ela - pressionou as empresas a se digitalizarem com maior rapidez. Durante os *lockdowns* e as restrições de mobilidade impostos em todo o mundo, os consumidores se tornaram mais dependentes das plataformas on-line para suas atividades cotidianas. Acreditamos que isso provocou mudanças de comportamento que perdurarão não apenas durante a pandemia, mas por muito tempo no futuro.

Obrigados a ficar em casa por vários meses, os consumidores se acostumaram, na prática, ao novo estilo de vida digital. Passaram a contar com o e-commerce e os aplicativos de entrega de comida para as necessidades de consumo do cotidiano. O *digital banking* e os pagamentos virtuais aumentaram em volume. As pessoas passaram a se reunir on-line, por meio de plataformas de videoconferência como Zoom e Google Meet. As crianças passaram a estudar em plataformas on-line em casa, enquanto os pais trabalhavam em *home office*. Para matar o tempo, as pessoas passaram a assistir a *streamings* do YouTube e da Netflix. E, como a saúde se tornou uma questão de máxima relevância, elas passaram a se conectar remotamente com personal trainers e médicos (ver Figura 5.1).

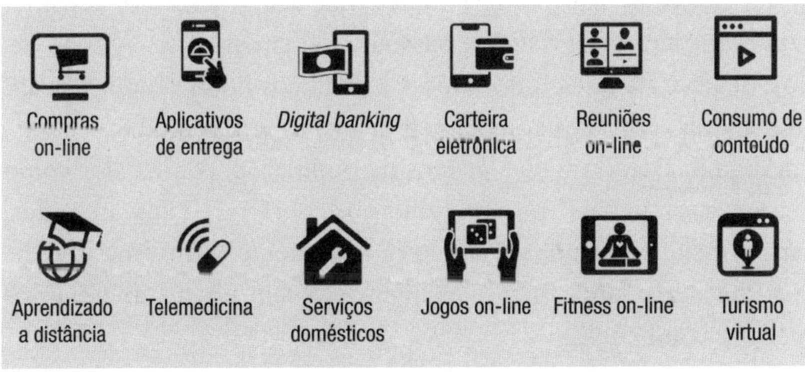

Figura 5.1 A digitalização em meio à covid-19

As empresas nunca mais serão as mesmas. Setores em que havia grande dependência das interações físicas foram obrigados a rever suas estratégias. O setor de restaurantes e mercados, por exemplo, adaptou-se à pandemia turbinando os serviços de entrega para compensar a perda de receita presencial. Alguns restaurantes optaram por "cozinhas fantasma" ou "cozinhas na nuvem", servindo apenas encomendas. O setor de turismo recorreu a robôs limpadores para a assepsia de quartos e trens. Aeroportos, como o de Bangalore, na Índia, criaram experiências sem contato físico do estacionamento ao embarque.

Com a queda brutal no número de passageiros nos transportes coletivos, governos lançaram serviços de "microtrânsito". Usuários podem chamar por aplicativo ônibus e vans sob demanda. Os passageiros podem rastrear não só a localização dos ônibus, mas até se estão cheios ou não. Isso é útil para garantir a segurança dos equipamentos e possibilitar o rastreamento do vírus. A indústria automobilística e as revendedoras investiram muito em plataformas de venda on-line para atender a crescente demanda por interações digitais. Acima de tudo, todas as marcas, nos mais variados setores, passaram a dar mais ênfase ao marketing de conteúdo digital, visando engajar os clientes por meio das mídias sociais.

As empresas não podiam mais adiar a digitalização, considerando que sua sobrevivência passou a depender disso. A crise expôs, de fato, até que ponto setores específicos do mercado estavam preparados – ou talvez fosse melhor dizer despreparados – para a era digital. Determinados grupos da população, conhecidos como "imigrantes digitais" ou "retardatários", serão os mais atingidos, pois o distanciamento social altera fortemente sua rotina presencial. Por outro lado, os nativos digitais devem prosperar sob essas mesmas condições.

Da mesma forma, a epidemia parece causar problemas mais relevantes em alguns setores específicos, embora nenhuma empresa tenha ficado imune a seus efeitos. Aqueles setores que exigem maior interação física e grande uso de mão de obra braçal sofrerão mais. Por outro lado, os setores com processos gerenciais altamente digitalizados e organizações mais enxutas se encontram em posição bem melhor (ver Figura 5.2).

	IMPACTO MAIOR	IMPACTO MENOR
MERCADO CONSUMIDOR	• Gerações mais velhas, imigrantes digitais e retardatários tecnológicos • Comunidades de baixa renda com acesso limitado à internet	• Gerações mais jovens, nativos digitais e antenados nas tecnologias • Classes mais abastadas, com acesso de qualidade à internet
SETORES DA ECONOMIA	• Empresas com processos predominantemente presenciais • Setores com grande uso de mão de obra braçal	• Empresas com processos altamente digitalizados • Setores com organizações enxutas

Figura 5.2 Como a covid-19 afetou diferentes setores da economia e o mercado consumidor

Uma avaliação do preparo digital

O grau de preparo para a digitalização é o que vai ditar a estratégia a ser seguida para esse fim. Por isso é essencial definir uma ferramenta para fazer esse diagnóstico. A avaliação deve abranger tanto o lado da oferta quanto o da demanda. O primeiro passo é determinar se o mercado – o lado da demanda – está preparado e disposto a migrar para mais pontos de contato digitais. O passo seguinte – do ponto de vista da oferta – é avaliar a capacidade da empresa de digitalizar seus processos corporativos para tirar proveito dessa migração. Essas duas considerações formam uma matriz mapeando a situação da empresa nos quadrantes de preparo digital.

Para ilustrar as quatro categorias da tabela, avaliamos o preparo digital de seis setores econômicos: tecnologia, serviços financeiros, varejo de alimentos, automotivo, hotelaria e serviços de saúde. A posição de cada setor se baseia na situação atual nos Estados Unidos e pode sofrer alterações com o passar do tempo. Consumidores de outros mercados podem ter níveis diferentes de preparo. O preparo dos atores de cada setor também pode variar (ver Figura 5.3).

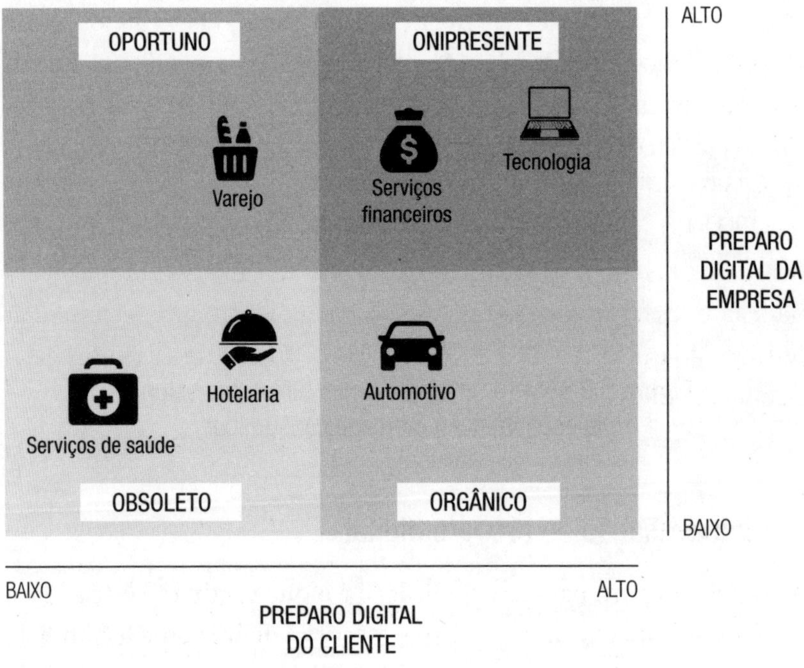

Figura 5.3 Preparo digital por setor

Número 1: o quadrante "Obsoleto"

Esse quadrante inclui os setores mais atingidos durante a pandemia. As empresas desses setores estariam menos preparadas para enfrentar a crise porque seus processos de trabalho ainda incluem uma quantidade relevante de interações físicas, mais difíceis de eliminar ou substituir. Ao mesmo tempo, também é improvável que seus clientes migrem para pontos de contato digitais, por conta sobretudo da falta de urgência para a compra durante uma crise. Os exemplos desse quadrante são os setores de hotelaria e serviços de saúde, fortemente dependentes da interação entre pessoas. Para os atores desses setores, trata-se de um dilema do tipo "o ovo ou a galinha": deve-se primeiro investir na digitalização ou aguardar que o cliente migre para o comportamento digital?

O setor de hotelaria vem sendo revolucionado pela digitalização há muitos anos. Os sites de resenhas de viagens e as plataformas de reservas on-line trouxeram transparência à qualidade e à precificação dos serviços. As plataformas on-line de ofertas de hospedagem, como o Airbnb, também puseram pressão sobre as grandes redes de hotéis. Mas a digitalização ocorre principalmente no início e no fim da jornada do cliente. O consumidor usa as ferramentas digitais para planejar e reservar viagens, assim como para resenhar e recomendar destinos. Mas a parte do meio da jornada do cliente é, majoritariamente, não digital.

E a digitalização, de modo geral, ainda ocorre em nível superficial, não em um grau transformador para esse setor. A tecnologia é usada de forma apenas básica, tirando proveito da internet sobretudo para publicidade digital, promoção de conteúdo e canais eletrônicos. Alguns atores do setor de hotelaria vêm fazendo tentativas esporádicas de usar tecnologias avançadas, como robótica e internet das coisas (IoT), mas a reação do consumidor tem sido morna.

O setor de serviços de saúde tem um grau mais ou menos parecido de preparo digital. A inteligência artificial (IA) tem o poder de transformar o setor de saúde e os primeiros sinais têm sido promissores. Apesar desse potencial, a entrega de serviços de saúde ainda é bastante convencional, envolvendo interação cara a cara. Antes da epidemia de covid-19, a telemedicina não era uma opção plausível, tanto para os fornecedores de serviços de saúde quanto para seus pacientes. A questão é se, depois de passada a pandemia, essa tendência continuará progredindo. Barreiras regulatórias à parte, as empresas parecem estar sofrendo para oferecer infraestrutura e profissionais de saúde digitalmente preparados. E não é garantido que os clientes demonstrarão a mesma disposição para pagar pela telemedicina.

Número 2: o quadrante "Oportuno"

Esse quadrante consiste em setores e empresas que apresentam dificuldade para a migração dos clientes, embora tenham investido em uma importante digitalização de seus processos de negócios. Os setores econômicos nesse quadrante possuem ecossistemas digitais implantados e já vinham incentivando havia algum tempo seus clientes a aderirem ao digital. No entanto, a maioria dos clientes ainda está presa à inércia e a adesão digital ainda é restrita.

Um exemplo é o setor do varejo. Por ser nativa digital, a Amazon domina há muitos anos o cenário do e-commerce. Até ampliou sua operação varejista por meio da aquisição da Whole Foods. Por outro lado, muito antes da pandemia, varejistas físicos também começaram uma transformação digital, antevendo a iminente revolução. O Walmart, gigante do varejo, lançou o Walmart.com para e-commerce e fez uma parceria com o Shopify para ampliar sua operação no mercado. Esses movimentos permitiram que os dois grandes varejistas ficassem lado a lado na oferta de uma experiência onicanal.

A infraestrutura de apoio também vem aumentando, o que permite a expansão do e-commerce. Embora alguns grandes varejistas montem a própria estrutura logística, empresas como a DHL investiram em uma rede de atendimento ao e-commerce. As mídias sociais também estão se aventurando nessa esfera, lançando plataformas de vendas on-line. A Target, por exemplo, tornou-se o primeiro grande varejista a vender produtos pelo Instagram.

Apesar desses ecossistemas já plenamente estabelecidos, o Census Bureau dos Estados Unidos concluiu que, no primeiro trimestre de 2020, o e-commerce representava um pouco menos de 12% do total de negócios do varejo. A empresa de pesquisas Pew também revelou que, embora 80% dos americanos façam compras on-line, a maioria ainda prefere ir às lojas físicas. Mas a pandemia pode criar um novo normal, no qual o grosso dos consumidores migre para uma jornada do cliente mais digital. Os atores do setor precisam monitorar de perto essa tendência para verificar se a pandemia será um catalisador decisivo para o varejo on-line.

Número 3: o quadrante "Orgânico"

Esse quadrante se aplica a setores que entregam produtos e serviços com elevado grau de pontos de contato físicos. Na maioria das vezes, esses setores também usam trabalho braçal de forma intensiva, tendo, assim, dificuldade de gestão remota dos funcionários. Por outro lado, a maioria dos clientes está pronta para migrar para o digital. Eles serão motores fundamentais, forçando as empresas a adotar tecnologias digitais.

O setor automotivo é um que se inclui nesse quadrante. A maioria dos compradores de automóveis já faz o chamado *webrooming*, isto é, pesquisa o produto on-line e depois realiza a compra nas concessionárias. Uma pesquisa Google/comScore mostrou que 95% dos compradores de automóveis usam o digital como fonte primária de informação, porém mais de 95% das compras ainda se dão na concessionária.

Entretanto, a pandemia acelerou a compra on-line de automóveis. Várias plataformas de compra de carros, como Carvana e Vroom, registraram um pico na compra on-line de automóveis, já que os compradores vêm dando preferência a interações sem contato. Ao contrário dos setores de hotelaria e serviços de saúde, o contato físico na compra de um carro é desnecessário e tem menos valor depois que o comprador em potencial já pesquisou o bastante.

Além disso, os carros vêm se tornando cada vez mais produtos de alta tecnologia, com a perspectiva no horizonte dos veículos elétricos (VEs), veículos autônomos (VAs) e da conectividade veículo a veículo (V2V). À medida que a experiência de uso de um carro se torna cada vez mais tecnológica, o processo de compra passa a ser o único grande passo ainda tradicional na jornada do cliente.

Ainda assim, as montadoras e as concessionárias estão apenas começando a implantar suas estruturas digitais. Excetuando-se as plataformas de venda de carros on-line, a maioria das montadoras e concessionárias tem presença on-line restrita. A expectativa do cliente em relação à digitalização do setor automotivo não se limita a uma plataforma de e-commerce para compra ou reserva on-line de test-drives, mas se estende à adoção de outras ferramentas de vendas digitais e de marketing. Com a realidade virtual (RV), por exemplo, o comprador em potencial pode explorar visualmente opções de modelos. Mais importante que isso, a IA pode proporcionar vantagens adicionais, como o monitoramento preditivo da manutenção dos veículos e a segurança preventiva, utilizando dados da conectividade do carro.

Número 4: o quadrante "Onipresente"

Esse é o quadrante onde todas as empresas querem estar um dia. As empresas dos demais quadrantes precisam tentar migrar sua clientela e montar sua infraestrutura de modo a virarem empresas Onipresentes. Esse quadrante pertence a setores que estão sofrendo um impacto menor com a crise da covid-19. Dois exemplos desses setores são o de tecnologia e o de serviços financeiros. As empresas de tecnologia são, por natureza, as mais preparadas para as políticas de distanciamento social e o comportamento do "fique em casa". Como a digitalização representa uma parte relevante de seu DNA, essas empresas tentam desalojar setores tradicionais e a pandemia veio lhes dar um impulso importante. Empresas como Amazon, Microsoft, Netflix, Zoom e Salesforce viveram, todas, um forte crescimento.

Os serviços financeiros digitais também crescem quando o cliente evita fazer deslocamentos a bancos e os pagamentos sem dinheiro se tornam a regra. Os bancos, porém, já vinham migrando os clientes para canais digitais, por meio de incentivos de todo tipo, bem antes da eclosão da pandemia. Hoje todos os grandes bancos oferecem serviços on-line e por aplicativos de celular.

No setor bancário, a escolha de canal pelo consumidor baseia-se puramente na conveniência. O cliente que decide ir a uma agência bancária não está em busca de uma experiência tátil, como em uma loja física. Ele quer ir à agência porque é mais conveniente. Por isso, quando o *digital banking* consegue reproduzir essa conveniência para um amplo leque de clientes, o canal eletrônico se torna o favorito.

Mas a digitalização nesse setor vai bem mais longe do que isso. Os serviços financeiros vêm explorando o uso de *chatbots* para reduzir o fardo das centrais de atendimento, o *blockchain* para aumentar a segurança das transações; e a IA para detectar fraudes. Assim, tornou-se um dos setores mais digitais, junto com os de tecnologia e de mídia.

Você está pronto para virar digital?

Os quatro quadrantes dão uma ideia geral de quão preparado um setor específico está para se tornar digital. Mas toda empresa, mesmo dentro de um setor determinado da economia, tem um grau de preparo diferente, podendo estar em um quadrante diferente das concorrentes. Portanto, cada empresa deve realizar uma autoavaliação com base em sua capacidade de virar digital e no desejo de seus clientes de migrar para os canais digitais. As empresas que se encaixam na maioria dos critérios dessa avaliação estão prontas para a digitalização (ver Figura 5.4).

PREPARO DIGITAL DA EMPRESA

Experiência digital do cliente	
1	A empresa consegue interagir digitalmente em grande parte da jornada do cliente.
2	Todos os pontos de contato digitais podem ser integrados em uma experiência do cliente sem ruídos e sem descontinuidade.
3	A empresa consegue criar valor e gerar receita por meio de modelos de negócios digitais.
Infraestrutura digital	
1	Estão disponíveis as tecnologias para coletar, armazenar, gerir e analisar em tempo real um grande volume de dados de clientes.
2	Os processos são digitalizados e passam por reengenharia para adequação ao novo modelo de negócios digital.
3	Está implementada a digitalização de ativos físicos, como prédios, frota e equipamentos, por meio da internet das coisas (IoT).
Organização digital	
1	A maioria dos funcionários foi empoderada com ferramentas digitais de trabalho remoto e colaboração virtual.
2	A geração de talentos digitais, como cientistas de dados, projetistas de experiência do usuário e arquitetos de TI, é uma prioridade-chave.
3	Existe uma forte cultura digital que permite a sintonia entre os gerentes e os talentos digitais.

PREPARO DIGITAL DO CLIENTE

Base de clientes digitais	
1	A maior parte da base de clientes é das gerações Y e Z, antenadas digitalmente.
2	A maioria dos clientes já interage e faz transações com a empresa via plataformas digitais.
3	Ao consumir ou usar produtos e serviços, pede-se que o cliente interaja com interfaces digitais.
Jornada digital do cliente	
1	A jornada do cliente já é parcial ou inteiramente on-line (*webrooming* ou *showrooming*).
2	Os pontos de contato físicos que causam frustração no cliente podem ser trocados ou aprimorados por tecnologias digitais.
3	Pela internet, disponibiliza-se ao cliente um tesouro de informações para que ele tome decisões bem informadas por conta própria.
Propensão do cliente a virar digital	
1	O cliente considera desnecessária, irrelevante e sem valor a interação física com a empresa.
2	Produtos e serviços são considerados menos complicados, o que reduz o risco e problemas de confiança.
3	Maior incentivo para o cliente migrar para o digital: preços melhores, mais opções, qualidade e conveniência.

Figura 5.4 Avaliação do preparo digital

Estratégias para fazer o cliente migrar para os canais digitais

As empresas nos quadrantes Obsoleto e Oportuno precisam migrar seus clientes para os canais digitais. São consumidores que ainda dão valor às interações físicas, tendo, por isso, pouca motivação para migrar para o digital. A estratégia de migração precisa se concentrar em proporcionar incentivos à adesão digital, entregando ao mesmo tempo um valor adicional à experiência on-line do cliente.

Número 1: ofereça incentivos para virar digital

Para promover interações digitais, as empresas precisam demonstrar os benefícios de passar para o on-line. Elas podem proporcionar incentivos positivos e negativos, de modo a encorajar a migração digital. Os incentivos positivos podem ocorrer sob a forma de satisfação instantânea, como *cashback*, descontos e promoções ao cliente em plataformas digitais. Os incentivos negativos podem ocorrer sob a forma de encargos adicionais em caso de escolha de um método de interação off-line ou, em casos extremos, as empresas podem suspender o acesso no modo off-line.

Além dos incentivos monetários, a empresa pode disponibilizar ao cliente informações sobre suas funcionalidades digitais e como isso pode melhorar o jeito de fazer negócios.

Número 2: use o digital nos pontos de frustração

As empresas precisam identificar os pontos de frustração do consumidor ao longo da jornada do cliente e atacá-los com a digitalização. Existem pontos fracos que são inerentes às interações físicas, sobretudo no que diz respeito a suas ineficiências. Uma das principais causas de frustração são as longas esperas ou filas nos pontos de contato físicos. Processos complicados também geram desorientação e perda de tempo do cliente. Para o consumidor em busca de uma solução rápida e direta, a digitalização pode substituir alguns desses processos.

Além disso, a interação humana aumenta o risco de falha no serviço. Incompetência do pessoal, respostas fora do padrão e hospitalidade deficiente são algumas das principais causas de reclamações. À medida que esses problemas na linha de frente ficam mais evidentes, sobretudo quando há aumento de escala em uma empresa, a disponibilização de um canal digital alternativo pode estimular uma mudança de comportamento.

Número 3: recrie no digital as interações físicas ideais

Nos casos em que a interação entre seres humanos gera valor e continua desejável, as empresas podem utilizar a comunicação que o digital possibilita. O cliente pode se conectar com a equipe da linha de frente, que pode estar trabalhando de qualquer lugar, por meio de uma plataforma de videoconferência. Entre os exemplos está o *videobanking* nos serviços financeiros e as consultas virtuais de telemedicina. Essa abordagem reduz custos e, ao mesmo tempo, mantém os benefícios dos pontos de contato humanos.

Uma abordagem mais avançada é o uso de um *chatbot* que pode substituir a equipe da linha de frente para as demandas e consultas mais básicas. Hoje assistentes virtuais com tecnologia de voz são capazes de responder perguntas simples e executar ordens. Apesar de algumas limitações, a tecnologia de processamento de linguagem natural (PLN) já possibilita conversas naturais.

Estratégias de montagem de estrutura digital

O desafio para as empresas nos quadrantes Obsoleto e Orgânico é montar uma estrutura que cuide das necessidades dos clientes digitais. As empresas precisam investir em infraestrutura digital - hardware, software e sistemas de TI –, que será a base da entrega da experiência digital do cliente. Ao final, elas precisam reforçar a capacidade da organização, o que inclui expertise digital, competências e uma cultura ágil.

Número 1: invista em infraestrutura digital

As empresas precisam começar seu investimento digital montando uma infraestrutura de dados dos clientes. A digitalização abre as portas para muitas táticas novas, como a personalização e o marketing preditivo. Mas o fundamento dessas táticas é uma compreensão veloz e dinâmica do cliente. As empresas necessitam, portanto, de tecnologias para gerir e analisar grande quantidade de dados em tempo real.

As empresas também precisam transformar seus processos. Digitalizar não é apenas automatizar as operações já existentes. Muitas vezes é preciso fazer a reengenharia de todo o negócio para adaptá-lo à nova realidade digital. Além disso, as empresas "imigrantes digitais" acumulam ativos físicos que necessitam de digitalização. Com a conexão digital desses ativos por meio da internet das coisas, eles se valorizam. As empresas podem utilizar edifícios inteligentes ou frotas inteligentes para entregar uma experiência verdadeiramente onicanal.

Número 2: desenvolva a experiência digital do cliente

Na era pós-pandemia, as empresas que conseguirem criar uma experiência digital para o cliente vão prosperar. A digitalização não pode ficar restrita à interação básica com o cliente. Deve, em vez disso, ser abrangente, acontecendo em todos os pontos de contato – do marketing às vendas, passando pela distribuição, entrega do produto e assistência técnica. E todos esses pontos de contato digitais devem estar sincronizados em uma só experiência do cliente.

Mais importante que isso, porém, é a necessidade de repensar a própria maneira de criar valor, ou, em outras palavras, como gerar receita a partir da experiência do consumidor. A realidade econômica é inteiramente diferente de uma empresa digital para outra.

As empresas precisam levar em conta modelos de negócios que vêm surgindo, como o sistema de assinaturas que transforma tudo em serviço, as plataformas de e-commerce ou os modelos sob demanda.

Número 3: estabeleça uma organização digital robusta

Talvez o fator mais crucial para determinar o êxito da transformação digital seja a própria organização. É preciso empoderar os funcionários com ferramentas digitais para que trabalhem remotamente e colaborem virtualmente entre si. Nas empresas tradicionais que estão passando pelo processo de transformação, é preciso integrar essas novas ferramentas digitais com os sistemas de TI existentes.

Para acelerar o processo de aprendizado na organização, as empresas precisam recrutar novos talentos digitais, como cientistas de dados, designers de experiência do usuário e arquitetos de TI. Elas também precisam focar na cultura, que é muitas vezes o principal obstáculo às transformações digitais. O que elas precisam é constituir uma cultura ágil, com rapidez experimental e colaboração permanente entre a área gerencial e os talentos digitais.

Estratégias para reforçar a liderança digital

Diante das expectativas cada vez maiores dos clientes, as empresas do quadrante Onipresente não podem ficar paradas. Como as outras estão reduzindo a distância, essas empresas estão sob pressão para elevar o sarrafo. Os clientes digitais – a geração Y e a geração Z – já não se satisfazem mais com o básico. As empresas precisam agregar tecnologias avançadas (a *next tech*) à experiência do consumidor (a "nova CX").

Número 1: adote a next tech

Para as empresas Onipresentes, o marketing de conteúdo nas mídias sociais e as plataformas de e-commerce são considerados "fatores de higiene", sem os quais elas não conseguem competir. Para ir além, as empresas precisam adotar tecnologias mais avançadas antes que se tornem correntes. Elas devem cogitar o uso da IA para turbinar as ações de marketing. Um exemplo é o uso da tecnologia de processamento de linguagem natural para empoderar *chatbots* e assistentes de voz.

Uma combinação de IA, biometria, sensores e internet das coisas pode ajudar as empresas a entregar um ponto de contato físico movido a digitalização que seja ao mesmo tempo personalizado para cada indivíduo e contextual no momento exato da interação. O emprego da realidade aumentada e da realidade virtual pode dar mais tempero à campanha de marketing e à exploração do produto. São tecnologias que podem ser decisivas e é responsabilidade dos líderes digitais atuar como pioneiros (para uma discussão mais detalhada sobre a *next tech*, veja o Capítulo 6).

Número 2: introduza a nova CX

Uma jornada sem atrito é o sonho de todo consumidor. No passado, a passagem do off-line para o on-line, e vice-versa, costumava ser sofrida, pois os pontos de contato não eram conectados e permaneciam isolados. O cliente não era reconhecido instantaneamente e tinha que se reapresentar toda vez que passava de um canal para outro. Com a digitalização, a experiência do cliente sem atrito – em que o valor total gerado é maior que a soma das partes – pode enfim se tornar uma realidade. Essa é a nova CX.

As empresas devem se concentrar em entregar a nova CX em três níveis distintos: o informativo, o interativo e o imersivo. Toda vez que o cliente buscar uma resposta, desejar uma conversa ou cercar-se de experiências sensoriais, as empresas devem estar prontas para entregar (mais informações sobre a nova CX podem ser encontradas no Capítulo 7).

Número 3: reforce sua posição como marca digital-first

Ser uma marca *digital-first* significa colocar todos os seus recursos a serviço das necessidades do cliente digital antes de cuidar do resto. Não se trata de ser uma empresa de tecnologia de ponta ou ter a melhor infraestrutura de TI. É uma questão de ter uma visão e uma estratégia gerais que ponham no centro tudo aquilo que for digital. O design da experiência do cliente deve estar centrado na criação de uma ponte entre o mundo físico e o digital. Os produtos digitais devem ter prioridade no *pipeline*. E, o mais importante, todo o pessoal e todos os processos da organização devem estar digitalmente preparados (ver Figura 5.5).

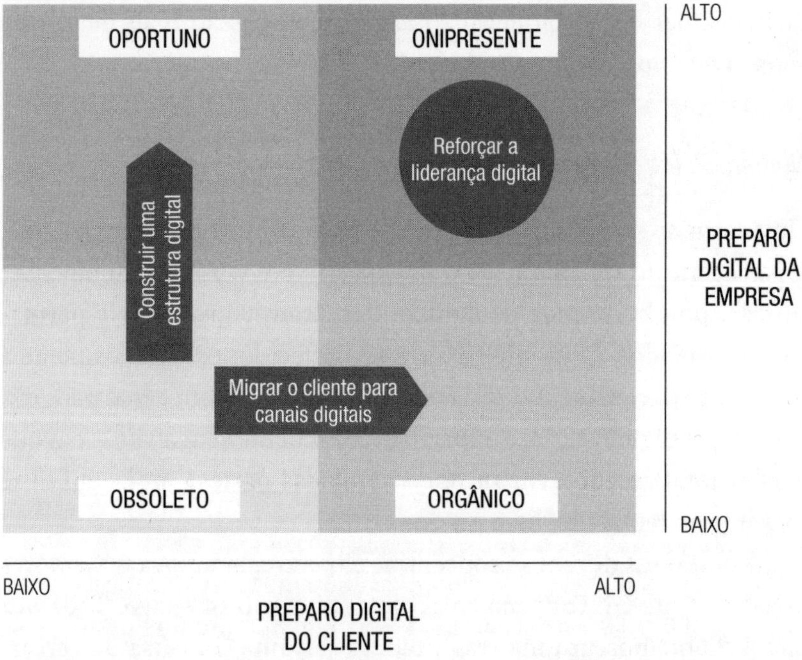

Figura 5.5 As estratégias de digitalização

A covid-19 ajudou os clientes a distinguir as verdadeiras marcas *digital-first* daquelas que apenas aspiram a sê-lo. O impacto repentino da pandemia pegou as empresas desprevenidas. As marcas *digital-first* estão prosperando durante a crise sem ter que suar a camisa ainda mais.

Resumo: A mesma estratégia não serve para todos

A pandemia de covid-19 tornou-se, inesperadamente, um acelerador digital em todo o planeta. Tanto as empresas quanto os mercados foram forçados a se adaptar à mobilidade reduzida, passando, por isso, a recorrer com força ao digital. Foi uma espécie de sacudida nas empresas, para que deixassem de procrastinar as iniciativas de digitalização. Uma empresa com preparo digital pode encarar o que está por vir, com nativos digitais tomando conta dos mercados no mundo inteiro.

Mas, quando a questão é digitalização, não existe uma abordagem única que sirva para todos. Cada setor da economia e cada ator nesses setores se encontram em um estágio diferente de maturidade digital. O primeiro passo é avaliar o preparo digital da base de clientes pela qual se está competindo. O passo seguinte é autoavaliar a estrutura digital da organização. Conforme o resultado dessas avaliações, as empresas terão que elaborar e executar diferentes estratégias, entre as quais podem estar a migração dos clientes e a transformação digital.

PERGUNTAS PARA REFLEXÃO

- Analise o preparo digital da sua empresa, assim como o de seus clientes. Vocês já estão prontos para virar digitais?
- Pense em como você pode melhorar o preparo digital de sua empresa e crie um plano para implementar essa transformação.

6 | A *next tech*

É hora da decolagem das tecnologias humanoides

Durante a Segunda Guerra Mundial os alemães usaram intensamente a máquina Enigma para criptografar comunicações militares. Interceptar e decodificar essas mensagens permitiria aos britânicos e aos Aliados antecipar os movimentos das forças alemãs. Para evitar mais baixas na guerra, um grupo de cientistas correu contra o tempo para decifrar os códigos militares criando uma máquina chamada The Bombe. Depois de várias tentativas para "treinar" The Bombe, acabaram conseguindo. Um dos cientistas era Alan Turing, um matemático considerado um dos primeiros a pensar na inteligência artificial (IA). O objetivo pessoal dele era criar uma máquina capaz de aprender pela experiência – preparando o terreno para o aprendizado de máquinas.

De modo similar ao daquela forma precoce de IA que ajudou os Aliados a vencerem a Segunda Guerra Mundial, as tecnologias vão empoderar as empresas e permitir que façam coisas antes impossíveis. A *next tech* – tecnologias que serão correntes na próxima década – será a base do Marketing 5.0. Ela liberta as empresas de antigas limitações. As tarefas repetitivas e aborrecidas que costumam causar erros humanos podem ser automatizadas. As teletecnologias podem ajudar as empresas a superar obstáculos geográficos. O uso do *blockchain* aumenta a segurança em setores nos quais os dados são sensíveis, como os serviços financeiros. O uso da robótica e da internet das coisas (IoT) reduz a necessidade de recursos humanos em ambientes de alto risco.

No entanto, o mais importante é que a *next tech* possibilita uma abordagem mais humanista do marketing. As realidades aumentada e virtual - ou a realidade mista (RM) - permitem que as empresas façam o cliente visualizar suas ofertas, por exemplo, no ramo imobiliário. Sensores e inteligência artificial permitem que as empresas personalizem o conteúdo, como em painéis publicitários com reconhecimento facial.

A viabilização da *next tech*

É importante observar que grande parte da *next tech* foi inventada mais de um século atrás. A inteligência artificial, o processamento de linguagem natural (PLN) e a robótica programável, por exemplo, existem, todos, desde os anos 1950. As pesquisas iniciais sobre reconhecimento facial começaram na década de 1960. Mas por que só recentemente começaram a crescer? A resposta reside nas tecnologias possibilitadoras, que não eram tão poderosas como hoje. Os computadores não eram tão potentes e o armazenamento de dados ainda era caro e exigia espaço. A ascensão da *next tech* foi viabilizada, de fato, pela maturidade de seis possibilitadores: potência computacional, software de código aberto, internet, computação na nuvem, aparelhos móveis e big data (ver Figura 6.1).

Potência computacional

À medida que a tecnologia progride, demanda um hardware mais poderoso, porém mais eficiente em termos de custo. O crescimento exponencial da **potência computacional**, em especial as eficientíssimas unidades de processamento gráfico (GPUs, do inglês *graphics processing unit*), possibilitou a operação de tecnologias altamente consumidoras de energia, como a inteligência artificial. Avanços na tecnologia de semicondutores e o encolhimento dos processadores significam mais poder e menor consumo de energia. Isso permite que as máquinas de inteligência artificial sejam pequenas e locais, empoderando aplicações que necessitam de respostas em tempo real, como nos carros autônomos ou nos robôs.

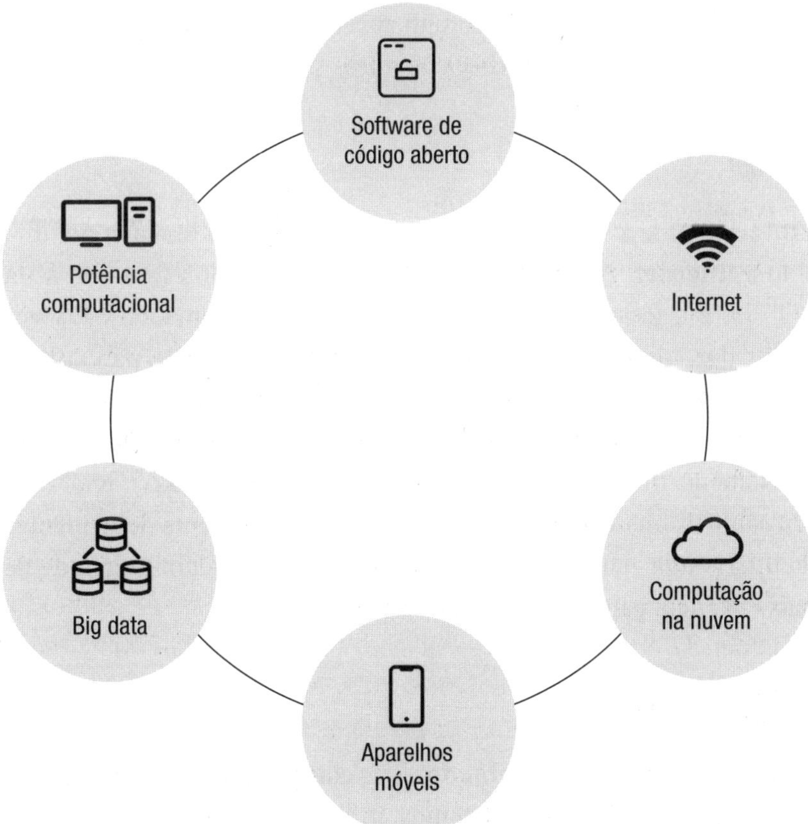

Figura 6.1 Os seis possibilitadores da *next tech*

Software de código aberto

Para rodar um hardware poderoso é preciso ter um sistema de software igualmente robusto. Antes o desenvolvimento de um software de IA levava anos. É na aceleração desse processo que o **software de código aberto** desempenha um papel relevante. Tendo adotado o trabalho colaborativo, grandes empresas como Microsoft, Google, Facebook, Amazon e IBM vêm abrindo a fonte de seus algoritmos e pesquisas de IA. Isso leva a aperfeiçoamentos e melhorias mais rápidos dos sistemas, realizados por uma comunidade mundial de desenvolvedores. Modelos de código aberto semelhantes têm usos em robótica, *blockchain* e internet das coisas (IoT).

Internet

Provavelmente a mais revolucionária tecnologia já inventada tenha sido a **internet**. A convergência entre as redes domésticas de fibra (FTTH) e a tecnologia 5G sem fio atende uma demanda cada vez maior por conexão de banda larga. A internet conecta não apenas bilhões de pessoas, mas também máquinas. Também é o fundamento de tecnologias relacionadas às redes, como a IoT e o *blockchain*. Tecnologias interativas, como realidade aumentada (RA), realidade virtual (RV) e assistente de voz, também são fortemente dependentes da internet de alta velocidade, uma vez que demandam uma rede de baixa latência para funcionar corretamente.

Computação na nuvem

Outro importante possibilitador é a **computação na nuvem** – o acesso compartilhado a sistemas informatizados, em particular softwares e armazenamento na web, o que permite aos usuários trabalhar remotamente. A pandemia de covid-19 e o trabalho remoto que ela impôs tornaram a computação na nuvem ainda mais crucial para as empresas. Aquelas que usam a computação na nuvem não precisam investir em hardware e software caros para rodar aplicações complexas como a IA. Em vez disso, a praxe é assinar serviços que usam infraestrutura compartilhada oferecida por provedores de computação na nuvem. Isso dá às empresas a flexibilidade para aumentar a escala da assinatura na medida do aumento da necessidade. E, como os provedores atualizam constantemente suas infraestruturas, as empresas não precisam se preocupar em estar em dia com a última tecnologia. Cinco grandes atores da IA também dominam o mercado de computação na nuvem: Amazon, Microsoft, Google, Alibaba e IBM.

Aparelhos móveis

A tendência de computação distribuída foi possibilitada pelo desenvolvimento dos **aparelhos móveis**. A evolução da computação móvel foi tão intensa que os smartphones mais avançados de hoje são tão poderosos quanto um computador desktop era anos atrás, o que faz deles o principal aparelho que a maioria das pessoas usa para computação e acesso à internet. A portabilidade dos aparelhos facilita a mobilidade, o que, por sua vez, aumenta a produtividade em deslocamento. Também permite a entrega distribuída de experiências do cliente. Hoje os smartphones são robustos o suficiente para permitir reconhecimento facial, assistência de voz, RA, RV e até impressão 3D.

Big data

O **big data** atua como a peça final do quebra-cabeça. A tecnologia de IA exige um volume maciço e uma ampla variedade de dados para que a máquina seja treinada e o algoritmo seja progressivamente aprimorado. Isso é propiciado pelo uso diário de navegadores na web, e-mails, redes sociais e aplicativos de mensagens, principalmente em telefones celulares. Os dados externos complementam os dados internos de transações, gerando padrões comportamentais e psicográficos. A melhor coisa em relação aos dados com base na internet é que, ao contrário dos dados de pesquisas de mercado tradicionais, eles podem ser coletados on-line, em tempo real e na escala desejada. Além disso, o custo do armazenamento de dados vem caindo, e a capacidade vem aumentando em ritmo mais rápido – facilitando a gestão de grandes volumes de informações.

A disponibilidade e o custo acessível das seis tecnologias inter-relacionadas estimulam os laboratórios das universidades e das empresas a explorar a próxima fronteira. Permitem que tecnologias avançadas antes adormecidas atinjam a maturidade e sejam adotadas em grande escala.

Como reimaginar as empresas com a *next tech*

O ser humano é único, dotado de uma capacidade cognitiva sem igual. Somos capazes de tomar decisões difíceis e resolver problemas complexos. No entanto, o mais importante é que somos capazes de aprender pela experiência. Nosso cérebro desenvolve suas competências cognitivas por meio do aprendizado contextual: aquisição de conhecimento, avaliação da relevância com base em nossa experiência de vida e desenvolvimento de pontos de vista holísticos.

O jeito humano de aprender também é extraordinariamente complexo. O ser humano recebe estímulos de todos os cinco sentidos. Usamos a linguagem verbal e indicações visuais para ensinar e aprender. Nossa percepção do mundo é reforçada pelo tato, o olfato e o paladar. Também recebemos treinamento psicomotor, por exemplo, para aprender a escrever, a andar e a executar outras habilidades motoras. Todo esse aprendizado é um processo que se estende por toda a vida. Em consequência, o ser humano é capaz de se comunicar, sentir e deslocar-se com base em estímulos ambientais.

Há muitos anos cientistas e especialistas em tecnologia têm uma obsessão por replicar as habilidades humanas com máquinas.

O aprendizado de máquina na IA tenta mimetizar o aprendizado contextual humano. Os motores de IA não foram projetados para aprender sozinhos. Como os seres humanos, precisam ser treinados para saber o que aprender usando algoritmos. Encontram relevância no big data, que lhes serve de exemplo contextual. Por fim, conseguem "compreender" os algoritmos e extrair sentido completo desses dados.

Os sensores desempenham um papel no aprendizado, imitando os sentidos humanos. Por exemplo, o reconhecimento facial e de imagens pode ajudar as máquinas a distinguir objetos com base no modelo de aprendizado visual dos seres humanos. Além disso, a competência cognitiva dos computadores lhes permite mimetizar a comunicação social – com o PLN – e realizar movimentos físicos – com a robótica. Embora as máquinas ainda não possuam a consciência e o refinamento do ser humano, são mais resistentes e confiáveis, além de poderem assimilar uma quantidade maciça de conhecimento em pouco tempo.

A singularidade do ser humano, porém, não para por aí. Nós conseguimos compreender conceitos abstratos, como ética, culturas e amor, desprovidos de existência física. Essa capacidade de imaginação além do simples raciocínio torna o ser humano mais criativo. Isso, de certa forma, o leva a se desviar daquilo que é considerado racional e razoável. Além disso, o ser humano é altamente social. Intuitivamente, gostamos de nos agrupar e constituir relacionamentos uns com os outros.

As máquinas também vêm sendo treinadas nesses outros aspectos das competências humanas. Por exemplo, a RA e a RV tentam imitar a imaginação humana sobrepondo duas realidades diferentes – on-line e off-line. Também tentamos conceitualizar como as máquinas devem "socializar" umas com as outras, por meio do desenvolvimento da IoT e do *blockchain*.

Damos a essas tecnologias avançadas o nome de *next tech*: inteligência artificial, processamento de linguagem natural, tecnologia de sensores, robótica, realidade mista, internet das coisas e *blockchain*. Ao replicar as competências humanas, elas vão empoderar o marketing da próxima geração (ver Figura 6.2).

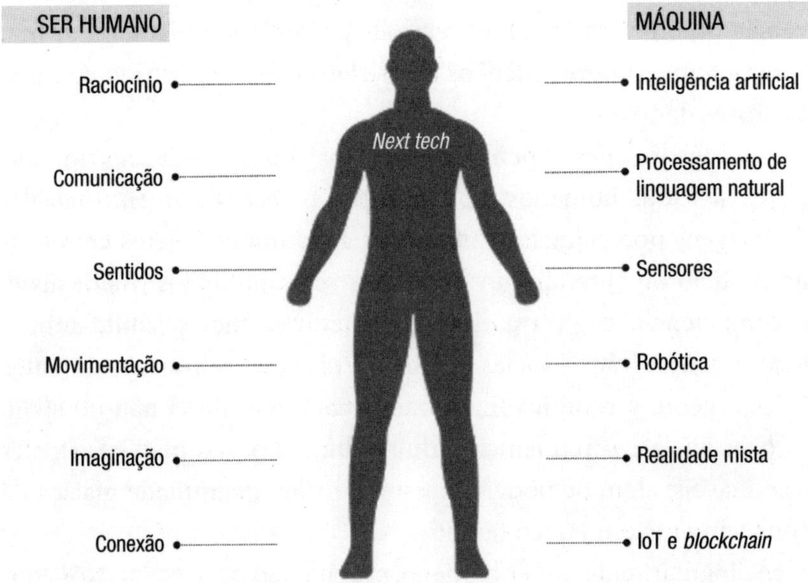

Figura 6.2 Biônica: seis formas de tecnologia que mimetizam o ser humano

Inteligência artificial

A IA é, provavelmente, a tecnologia mais popular e mesmo assim a menos compreendida dos últimos tempos. É intimidante pensar nela como nivelada ao ser humano, como se vê nos filmes de ficção científica. Essa forma de IA é conhecida como Inteligência Artificial Geral (IAG), que atinge o nível de consciência do ser humano, mas ainda exigirá pelo menos mais 20 anos de desenvolvimento.

Não é preciso, porém, que ela tenha que ser tão sofisticada. Aplicações mais restritas da IA já são comuns, sendo amplamente utilizadas para automatizar tarefas rotineiras em diversos setores. As empresas de serviços financeiros, por exemplo, vêm utilizando-a para automatizar a detecção de fraudes e a avaliação de crédito. Com a IA, o Google recomenda buscas a cada letra que você digita na barra de busca. A Amazon a vem utilizando para propor recomendações de livros, e o Uber, para atualizar preços em tempo real.

Em sua forma mais restrita, a IA usa algoritmos de computador para realizar tarefas específicas que antes exigiam a inteligência humana. O jeito do computador de aprender pode ser supervisionado ou não supervisionado. Na aprendizagem supervisionada, programadores humanos mapeiam o algoritmo nos formatos *input-output* ou *if-then* ("se-então"). Uma forma rudimentar disso é conhecida como o "sistema expert", encontrado sobretudo em *chatbots* de atendimento ao cliente. Quando interage com um *chatbot* simples, o cliente só pode fazer perguntas a partir de uma lista predeterminada. As empresas cujos processos são recorrentes e padronizados podem usar o sistema expert em sua automação.

Na IA não supervisionada, o computador aprende e descobre padrões antes desconhecidos à medida que analisa o histórico de dados, com quase nenhum envolvimento humano. A IA analisa e transforma dados desestruturados em informações estruturadas. As aplicações no campo do marketing são inúmeras. Uma das mais importantes é interpretar e extrair ideias do big data. A partir de posts em redes sociais, históricos de transações e outros dados comportamentais, a IA pode agrupar os clientes em *clusters* (grupos homogêneos), permitindo que as empresas realizem segmentação e seleção de mercados-alvo com base em dados. É uma base que possibilita às empresas oferecer customização e personalização a recomendação de produtos, precificação e campanhas de marketing de conteúdo. À medida que o cliente reage a essas ofertas, o computador aprende continuamente e altera o algoritmo.

Embora a IAG ainda não esteja disponível, sempre é possível integrar a IA às empresas. Vejamos o exemplo da Ant Financial, empresa-mãe da Alipay, de pagamentos on-line, e subsidiária da Alibaba. A empresa utiliza a IA e outras tecnologias de apoio para automatizar todos os seus processos centrais: segurança de pagamentos, consultoria financeira, aprovação de empréstimos, processamento de indenizações de seguros, atendimento ao cliente e gestão de riscos. A IA pode reinventar o seguro de automóveis, por exemplo, usando o reconhecimento de imagens e o aprendizado de máquina. O cliente pode solicitar uma indenização de seguro com uma foto do celular. O motor de IA vai analisar a imagem e determinar se a solicitação é legítima.

A IA é, simplesmente, o cérebro da automação. Precisa trabalhar em conjunto com outras tecnologias, como a robótica, o reconhecimento facial, a tecnologia de voz e os sensores, para entregar a experiência do cliente da próxima geração. Antes restrita ao domínio dos laboratórios de pesquisa de informática, a IA espalhou-se amplamente no cotidiano do cliente. Vai gerar valor, mas precisa ser administrada com cautela. Preconceitos originados nas preferências e no histórico de decisões dos seres humanos podem infiltrar-se no algoritmo de IA. Sem um desenvolvimento que leve em conta a inclusividade, a IA pode acabar fazendo aumentar a disparidade de renda.

Processamento de Linguagem Natural (PLN)

Outro avanço empolgante está na área do PLN. Trata-se de ensinar as máquinas a replicar o jeito humano de se comunicar, o que abrange tanto a linguagem escrita quanto a falada. O PLN é um aspecto crucial para o desenvolvimento da IA, principalmente quando esta exige um input linguístico, como nos assistentes por voz. Também é uma façanha desafiadora, já que a linguagem humana, em sua forma natural, é muitas vezes imprecisa, complexa e sutil. É necessário um enorme volume de transcrições de conversas do mundo real e gravações de vídeo para ensinar às máquinas as nuances da linguagem.

A aplicação mais disseminada do PLN são os *chatbots*. Eles vêm sendo utilizados não apenas para atendimento ao cliente, mas também para vendas. Os *chatbots* reduzem a necessidade de canais mais caros, como centrais de atendimento para receber chamadas ou fazer telemarketing, principalmente em relação a clientes de menor poder aquisitivo. Empresas como a Lyft, a Sephora e o Starbucks já utilizam *chatbots* para receber pedidos e interagir com clientes. No ambiente B2B, empresas como a HubSpot e a RapidMiner usam *chatbots* para avaliação de *leads* (informações de contato de possíveis consumidores) e direcionamento de *prospects* (consumidores em potencial) para os canais de acompanhamento corretos. A popularidade das plataformas de mensagens on-line, como o WhatsApp, o Facebook Messenger e o WeChat, deu uma contribuição crucial para a ascensão dos *chatbots*. Pelo mesmo motivo, a expectativa do público é comunicar-se com os *chatbots* do mesmo jeito que falaria com outras pessoas.

Por isso o PLN é tão importante. Ao contrário dos *chatbots* mais simples, capazes somente de responder algumas perguntas fechadas, os *chatbots* movidos a PLN conseguem interpretar e responder perguntas arbitrárias. O PLN possibilita aos *chatbots* compreender mensagens de bate-papo, mesmo que contenham ruídos como erros de digitação, gírias e abreviaturas. Os *chatbots* mais poderosos podem até compreender sentimentos – por exemplo, para detectar sarcasmo nas frases. E são capazes de entender o contexto para deduzir a intenção por trás de palavras ambíguas.

Graças à tecnologia de voz, as máquinas também evoluíram muito na resposta a comandos verbais. Existem vários assistentes de voz no mercado: Alexa, da Amazon; Siri, da Apple; Google Assistant; e Cortana, da Microsoft. São aplicativos capazes de responder a demandas simples e executar comandos em vários idiomas. No seminário Google I/O de 2018, a demonstração do Duplex mostrou como um assistente virtual também pode conversar de maneira natural. Ao atender no salão de beleza ou no restaurante para fazer uma reserva, o assistente de voz deixa de lado o tom robótico e chega a acrescentar pausas e palavras supérfluas, o que o deixa ainda mais realista.

Com esse desenvolvimento recente, cada vez mais clientes começam a fazer buscas e compras por meio dos assistentes de voz. Esses assistentes farão comparações entre produtos e recomendações de marcas a adquirir com base no histórico de decisões – quanto mais produtos forem comprados, mais precisa será a sugestão. Para antecipar esse método de compra inteiramente novo, as marcas precisam estar prontas e coletar big data por conta própria, para compreender os algoritmos de compra, que refletem as preferências dos usuários.

Tecnologia de sensores

Além do reconhecimento de texto e de fala, os computadores também aprendem pelo reconhecimento facial e de imagens. Essa tendência é alimentada pela popularidade cada vez maior das fotos e das selfies na era das mídias sociais. Resumindo, o que o reconhecimento de imagem faz é escanear uma imagem e buscar algo parecido na web ou em uma base de dados. Sendo o líder dos motores de busca, o Google desenvolveu a funcionalidade do reconhecimento de imagem, na qual o usuário pode realizar uma busca a partir de uma imagem.

As aplicações para o reconhecimento de imagem são imensas. Por exemplo, surfando por milhões de posts em redes sociais, as empresas podem escanear fotos de gente comprando e consumindo suas marcas e enviar comentários de agradecimento. Também podem identificar gente usando marcas concorrentes e convidá-las a mudar. Esse tipo de publicidade altamente direcionada é uma forma eficientíssima de aumentar a fatia de mercado.

No Reino Unido, a rede de supermercados Tesco faz amplo uso de sensores de reconhecimento de imagem para melhorar seus "planogramas", que definem onde cada produto será exibido nas prateleiras de modo a incentivar mais compras. A empresa usa robôs para tirar fotos dos produtos nas prateleiras e analisar as imagens, identificando desabastecimento ou falhas de apresentação. A funcionalidade de reconhecimento de imagem também é útil no aprimoramento da experiência do cliente. Ela pode, por exemplo, escanear um produto na prateleira e receber informações detalhadas a respeito graças a um motor de IA.

A Tesco também planeja usar uma câmera de reconhecimento facial nos caixas, para identificar a idade de quem compra cigarros ou bebidas alcoólicas. Isso permite o autopagamento, sem presença de operadores de caixa humanos. Outro exemplo de uso do software de reconhecimento facial está nos painéis digitais. Identificar o perfil demográfico e o estado emocional do público pode ajudar os anunciantes a entregar o conteúdo exato. Capturar as reações faciais a cada conteúdo também permite que o publicitário aperfeiçoe os anúncios.

Outra área popular de uso dos sensores são os veículos autônomos. Empresas de tecnologia, como a Waymo, subsidiária do Google, competem nesse setor com outras que têm o apoio das montadoras, como a GM Cruise, a Ford Autonomous e a Argo AI. Um carro autoconduzido depende fortemente de sensores que alimentam a IA com uma compreensão das condições do entorno. Utiliza, em geral, quatro tipos de sensores – câmeras, radares, ultrassom e *lidar* (radar por laser) –, instalados em diferentes pontos do veículo, para medir a distância, identificar as faixas de rolamento e detectar os carros em volta.

Sistemas telemáticos que incluem sensores já estão instalados nos carros, para aumentar a segurança e auxiliar na gestão do veículo. Isso é de especial utilidade na logística e na organização da cadeia de abastecimento. O proprietário pode monitorar seu veículo autônomo recebendo dados diários sobre padrões de GPS, tempo de uso, quilometragem e gasto de combustível. O mais importante é que o proprietário será lembrado quando o carro precisar de manutenção. Seguradoras como a Progressive e a GEICO também usam a telemática para oferecer seguros com descontos *premium* com base na utilização.

Robótica

Desde os anos 1960, a automação do *back-end* foi o principal uso dos robôs em grandes empresas de países industrializados. Foi na indústria que a automação com robôs mostrou mais valor em termos de economia de custos, por conta da natureza braçal do trabalho – sobretudo nos últimos anos, quando o custo dos robôs se tornou menor do que o dos salários inflacionados. A evolução da IA então expandiu o leque de tarefas assumidas pelos robôs industriais. Isso, combinado com a resistência e a flexibilidade de horário de trabalho dos robôs, que levam a um aumento de produtividade, depõe a favor da automação nas empresas.

Nos últimos anos as empresas têm tentado usar os robôs para substituir as pessoas nas interfaces de contato direto com o consumidor, como exercício de marketing. O Japão, por causa da população envelhecida e da tendência a não aceitar muitos imigrantes, tem sido líder e pioneiro no campo da robótica. As montadoras japonesas, como a Toyota e a Honda, investem em *carebots* para cuidar de idosos. O Pepper, robô da Softbank, tornou-se um companheiro pessoal em asilos e assistente de vendas em lojas de varejo. A Nestlé do Japão também usa robôs para fazer, vender e servir café.

Mas uma das experiências mais radicais na robótica talvez esteja no setor de hotelaria, no qual o papel humano é crucial. A ideia é que os robôs liberem pessoal para a entrega de um serviço mais personalizado. No estado americano da Virgínia, os hotéis Hilton fizeram um piloto com Connie, uma robô *concierge*. Turbinada pela IA Watson, da IBM, ela é capaz de recomendar atrações e restaurantes aos hóspedes. Em Cupertino, na Califórnia, o hotel Aloft lançou um robô mordomo, chamado Botlr (trocadilho com *bot* e *butler*, "mordomo"), que faz entregas e serviço de quarto para os hóspedes e recebe gorjetas em forma de tweets. Os hotéis também estão começando a usar robôs na cozinha. Em Singapura, por exemplo, o hotel Studio M utiliza um robô chef para fazer omeletes.

Embora em geral se imaginem os robôs na forma humanoide, a robótica não é só uma questão de robôs físicos. Uma tendência crescente é a automação robótica de processos (RPA, do inglês *robot process automation*), que inclui a robótica de software. Na RPA, robôs virtuais realizam trabalho informatizado que seria feito por humanos, seguindo instruções precisas. As empresas a empregam para automatizar processos repetitivos e de grande volume, nos quais não há espaço para erros. É, muitas vezes, utilizada para gerência financeira de *back-office*, como emissão de notas fiscais e pagamentos. A gestão de recursos humanos, como a aclimatação de novos funcionários e o processamento da folha de pagamento, também pode ser automatizada.

Em vendas, a RPA pode ser utilizada de diversas formas. A gestão de relacionamento com o cliente (CRM) é um dos exemplos mais comuns. A equipe de vendas pode digitalizar com facilidade cartões corporativos e agregar relatórios em papel, armazenando-os em seguida no sistema de CRM. A RPA também é útil na automação de e-mails para *leads* de vendas. No marketing, a RPA é usada sobretudo na publicidade programada - que inclui leilões automatizados e compra de colocações publicitárias digitais para um resultado otimizado. E vem se tornando mais popular em razão da proporção cada vez maior dos orçamentos on-line de publicidade.

Realidade mista (RM)

No campo das inovações em interfaces tridimensionais com o usuário, a realidade mista (RM) - combinação de realidade aumentada (RA) e realidade virtual (RV) - se destaca como uma das mais promissoras, confundindo as fronteiras entre os mundos físico e digital. Como o objetivo é emular a imaginação humana, as aplicações atuais focam antes de tudo na diversão e nos games. Mas algumas marcas já estão investindo na RM para melhorar a experiência do cliente.

Na RA o conteúdo digital interativo se sobrepõe à visão do usuário nos ambientes do mundo real. Um exemplo popular de game para celular baseado em RA é o Pokémon Go, no qual criaturas imaginárias parecem estar fisicamente próximas de nós quando vistas na tela do telefone. Com o passar dos anos, o tipo de conteúdo digital sobreposto vem evoluindo, passando do simplesmente visual ao feedback tátil e às sensações olfativas.

A RV é, de certa maneira, o oposto da RA. A RA é como trazer objetos digitais para o mundo real, ao passo que a RV é como levar você para o mundo digital. Em geral, a RV troca a visão do usuário por um ambiente digital simulado. Usando óculos especiais, o usuário pode vivenciar a sensação de uma montanha-russa ou de atirar em alienígenas. Para usar a RV, o usuário pode escolher óculos específicos, como o Oculus Rift, ou adaptados para celulares, como o Google Cardboard. Os consoles de games da Sony e da Nintendo também oferecem aparelhos de RV como extensão.

A capacidade de misturar os mundos digital e real é revolucionária para o marketing. Abre infinitas possibilidades de entrega de um conteúdo de marketing envolvente, sobretudo pelo fato de a RM estar arraigada nos videogames. A RM permite que as empresas embutam informações e histórias adicionais em seus produtos de um jeito divertido e empolgante. Isso, por sua vez, possibilita que o cliente visualize a si mesmo não apenas avaliando, mas utilizando o produto. De certa forma, agora o cliente é capaz de "consumir" o produto antes mesmo de decidir comprá-lo.

O setor do turismo utiliza a RM para oferecer um tour virtual, motivando as pessoas a visitar de fato determinado destino. O Museu do Louvre, por exemplo, proporciona uma experiência virtual ao usuário que esteja com óculos HTC Vive VR – pode-se não apenas ver a *Mona Lisa* de perto, mas também conhecer mais sobre o quadro. Varejistas usam a RM para experimentação virtual de produtos ou oferta de tutoriais. A IKEA, por exemplo, cria imagens 3D de seus produtos e usa a RA para ajudar compradores em potencial a visualizar como os móveis vão ficar nos cômodos. A Lowe, varejista americana de materiais de construção, usa a RV para treinar o usuário, passo a passo, em reformas domésticas feitas por conta própria.

No setor automotivo, por exemplo, a RA é amplamente empregada por Mercedes-Benz, Toyota e Chevrolet sob a forma de um painel virtual sobreposto ao para-brisa, evitando que o motorista baixe os olhos. A Land Rover ampliou essa ideia sobrepondo imagens completas do terreno à frente no para-brisa e criando a impressão de que o capô do carro é transparente.

A TOMS é um exemplo de como a RV vem sendo usada pelo marketing, mas também para gerar impacto social. A empresa é famosa por sua política de doar um par de sapatos para cada par vendido. Com a RV, a TOMS permite que o cliente vivencie como é doar os calçados a crianças carentes.

Internet das coisas (IoT) e blockchain

A IoT se refere à interconectividade de máquinas e aparelhos que se comunicam entre si. Celulares, aparelhos vestíveis, eletrodomésticos, automóveis, medidores de energia inteligentes e câmeras de vigilância são alguns exemplos de aparelhos conectados. As pessoas podem usar a IoT para montar uma casa inteligente. As empresas podem usá-la para monitoramento e rastreamento remoto de ativos, como edifícios e a frota de veículos. O mais importante é que a IoT possibilita a entrega de uma experiência do usuário sem descontinuidade. Uma experiência sem atritos passou a ser possível, já que todos os pontos de contato físicos se tornam digitalmente conectados através da IoT.

Um excelente exemplo é o caso da Disney. O parque temático tira proveito da IoT para eliminar qualquer atrito e redefinir a experiência do cliente no parque. Integrada com o site My Disney Experience, a pulseira MagicBand armazena informações do cliente, funcionando, assim, como ingresso para o parque, chave do quarto e método de pagamento. A pulseira se comunica o tempo todo com milhares de sensores nos brinquedos, restaurantes, lojas e hotéis graças a uma tecnologia de frequência de rádio. A equipe da Disney pode monitorar a movimentação do cliente, antecipando a entrada de um visitante a 10 metros de distância, podendo atendê-lo proativamente. Imagine ser recebido pessoalmente pelo seu nome, sem precisar dizer nada. Os dados de movimentação dos clientes que são coletados têm enorme valor na definição dos locais das ofertas ou na recomendação dos caminhos mais rápidos para o visitante chegar às suas atrações favoritas.

O *blockchain* é outro método de tecnologia distribuída. Uma espécie de sistema de registro aberto e distribuído, o *blockchain* registra dados criptografados em uma rede *peer-to-peer*. Um "bloco" é como uma página de um livro-caixa contendo todas as transações anteriores. Quando um bloco é terminado, não pode mais ser alterado, cedendo lugar ao bloco seguinte da cadeia. A segurança do *blockchain* permite transações entre duas partes sem a intermediação de um banco. Também possibilitou a invenção do bitcoin, criptomoeda que não necessita de banco central.

A natureza segura e transparente do registro no *blockchain* representa uma revolução em potencial para o marketing. A IBM, em colaboração com a Unilever, adotou um projeto de *blockchain* para aumentar a transparência no posicionamento de publicidade digital. A Associação Nacional de Anunciantes dos Estados Unidos estimou que, para cada dólar investido em mídia, apenas 30 a 40 centavos chegam ao veículo e o restante fica com intermediários. O *blockchain* é usado para rastrear essa cadeia de transações, do anunciante ao veículo, identificando ineficiências. Uma aplicação similar do *blockchain* também pode ajudar o cliente a verificar se compromissos do anunciante, como comércio justo e matéria-prima 100% orgânica, são autênticos por meio do registro das transações da cadeia de abastecimento.

Outra área de implementação é a gestão de dados dos clientes. Hoje, os dados dos consumidores estão dispersos entre várias empresas e marcas. Um cliente pode, por exemplo, participar de dezenas de programas de fidelidade, compartilhando informações pessoais com inúmeras partes. Essa natureza fragmentada torna mais difícil para o consumidor acumular pontos e torná-los numerosos o suficiente para valerem a pena. O *blockchain* tem o potencial de integrar diversos programas de fidelidade e, ao mesmo tempo, reduzir os atritos nas transações entre eles.

Resumo: É hora da decolagem das tecnologias humanoides

Há várias décadas a *next tech* vem sendo desenvolvida, mas se encontra em certo estado de hibernação. Na próxima década ela vai finalmente decolar. Todos os pilares já foram erguidos: processadores poderosos, software de código aberto, internet de alta velocidade, computação na nuvem, celulares onipresentes e big data.

Nesse estágio avançado, o objetivo da tecnologia é emular o jeito de aprender dos seres humanos, altamente contextual. Desde que nascemos, somos treinados a perceber nosso entorno e comunicar-nos com os outros. A experiência do cotidiano enriquece nossa compreensão cognitiva geral do funcionamento do mundo. Esse é um dos fundamentos do aprendizado de máquina, que prepara o terreno para a IA. Os computadores vêm sendo treinados do mesmo jeito, com sensores e processamento de linguagem natural. O big data proporciona os aprimoramentos da "experiência do cotidiano". As máquinas tentam emular a imaginação humana com a RA e RV, replicando os relacionamentos sociais humanos com a IoT e o *blockchain*.

As aplicações da *next tech* no marketing são cruciais. A IA permite que as empresas façam pesquisa de mercado em tempo real, o que, por sua vez, as empodera para fazer personalizações rápidas na escala desejada. A natureza contextual da *next tech* permite uma experiência do cliente adaptável. Os profissionais de marketing podem criar conteúdo, ofertas e interações sob medida para as emoções de momento do cliente. E, com as funcionalidades da computação distribuída, a entrega de serviços ocorre em tempo real, no ponto da demanda.

PERGUNTAS PARA REFLEXÃO

- Qual *next tech* sua organização adotou hoje? Que exemplos de uso você pode citar na sua organização?
- Você refletiu sobre um plano de desenvolvimento tecnológico em sua organização para os próximos cinco anos? Quais são algumas das oportunidades e dificuldades?

7 A nova experiência do cliente (CX)

As máquinas são legais, mas o ser humano tem emoções

Em 2015 a rede de hotéis japonesa Henn-na inaugurou aquele que o *Guinness World Records* reconheceu oficialmente como o primeiro hotel com pessoal robotizado. Na recepção, robôs multilíngues equipados com reconhecimento facial ajudam os hóspedes a fazer check-in e check-out. Um braço mecânico guarda a bagagem na recepção. Um robô *concierge* ajuda a pedir um táxi, enquanto um robô carregador leva as malas para o quarto e um robô faxineiro limpa os cômodos. A maioria dos itens do hotel é *high-tech*. Cada quarto, por exemplo, tem uma fechadura com reconhecimento facial e um closet que vaporiza as roupas para desamarrotá-las.

O uso de robôs, no começo, era uma estratégia da empresa hoteleira para resolver a falta de pessoal nos hotéis. A expectativa é de que seria necessário um número mínimo de seres humanos para gerir um hotel – o que reduziria o custo com mão de obra. Mas os robôs criavam problemas que deixavam os hóspedes frustrados, gerando, assim, trabalho redobrado do pessoal humano para resolver essas questões. Um exemplo de queixa foi o caso de um robô mesa de cabeceira dentro do quarto que confundia o ronco do hóspede com um pedido de serviço, acordando o tempo todo quem estava dormindo. Por conta disso, o hotel reduziu sua automação e "demitiu" metade dos robôs.

Esse caso demonstra as limitações da automação plena. Sobretudo no setor de hotelaria, que depende fortemente de interações pessoais, pontos de contato inteiramente eletrônicos talvez não sejam, no fim das contas, a melhor opção. Não dá para automatizar todas as tarefas, uma vez que a conexão humana ainda é indispensável. Os robôs são, de fato, legais, mas quem tem emoções é o ser humano. Uma combinação de ambos será o futuro da experiência do cliente (CX).

O fato de que cada vez mais consumidores vêm usando uma combinação de canais on-line e off-line sustenta essa ideia. Uma pesquisa da McKinsey revelou que 44% dos clientes no mundo inteiro adotaram o *webrooming* (busca on-line e compra na loja física), ao passo que 23% optaram pelo *showrooming* (experiência na loja física e compra on-line). Outra pesquisa, realizada pela transcosmos em dez grandes cidades asiáticas, descobriu que a maioria dos consumidores usa tanto o *webrooming* quanto o *showrooming*, dependendo da categoria do produto. Essa jornada híbrida do cliente demanda uma abordagem "onipresente" para a CX: *high-tech*, mas ao mesmo tempo *high-touch*.

Revisitando a experiência do cliente no mundo digital

A experiência do cliente (CX) não é uma ideia nova. O conceito de "economia da experiência" foi empregado pela primeira vez em 1998, por Pine e Gilmore, que argumentavam que bens e serviços deixaram de ser o veículo primário da inovação. Ficaram tão indistinguíveis que o preço *premium* não é mais possível sem um upgrade de estratégia.

Uma pequena diferença nas características do produto pode evitar que o cliente mude para um concorrente, mas é difícil que venha a aumentar o preço que ele está disposto a pagar. As empresas precisam seguir para o próximo passo na progressão do valor econômico:

a experiência. Recorrendo ao teatro como metáfora, uma empresa experiencial se envolve com o cliente de maneira memorável usando bens como deixas e serviços como palco.

Esse conceito se tornou corrente com o advento da digitalização. Antes de tudo, a transparência da internet tornou mais fácil para o consumidor comparar produtos e serviços, acelerando ainda mais a "comoditização". Por isso as empresas precisam inovar em experiências que vão além das ofertas básicas. O mais importante, porém, é que o consumidor anseia por uma conexão genuína com as marcas, o que, paradoxalmente, se tornou raro na era da conexão. Em consequência, hoje as empresas se sentem forçadas a interagir e se engajar com o cliente via internet e outras tecnologias digitais.

Como os produtos viraram commodities, agora as empresas voltam o foco da inovação para todos os pontos de contato relacionados aos produtos. As novas maneiras de interagir com o produto passaram a ser mais interessantes do que o produto em si. O segredo para vencer a concorrência não reside mais no produto, e sim em como o cliente avalia, compra, usa e recomenda esse produto. A CX tornou-se, essencialmente, um jeito novo e eficiente de as empresas criarem e entregarem mais valor para o cliente.

Na verdade, a CX é um dos motores principais dos resultados nas empresas. Um terço dos clientes conectados está disposto a pagar mais por uma CX excepcional, segundo uma pesquisa da Salesforce. Um estudo da PwC também mostrou que quase três em cada quatro clientes dizem que uma ótima CX vai fidelizá-los. E os consumidores pagariam um preço *premium* de até 16% mais por uma CX melhor.

Como rastrear os pontos de contato: os 5 As

Como o conceito de CX é uma questão de ampliar o foco antes restrito à inovação do produto, é vital enxergá-lo de forma mais ampla. A CX não é apenas uma experiência de compra ou de atendimento ao cliente. Na verdade, a CX começa muito antes da aquisição do produto pelo cliente e continua muito depois. Abrange todos os pontos de contato que o cliente possa vir a ter com o produto: comunicação da marca, experiência no varejo, interação com a equipe de vendas, utilização do produto, assistência técnica e conversas com outros clientes. As empresas precisam harmonizar todos esses pontos de contato para entregar uma CX sem descontinuidade, que seja relevante e inesquecível para o cliente.

Em *Marketing 4.0* apresentamos um modelo para mapear os pontos de contato e criar uma CX superior. O caminho dos 5 As do cliente descreve a jornada do consumidor quando ele compra e consome produtos e serviços no mundo digital (ver Figura 7.1). Trata-se de uma ferramenta flexível, que se aplica a qualquer setor. E, quando utilizada para descrever o comportamento do consumidor, pinta um retrato mais próximo da verdadeira jornada do cliente. Esse modelo não só continua relevante na atualidade, como também representa uma base robusta para enxergar de que forma integrar ser humano e máquina na experiência geral do cliente.

assimilação	atração	arguição	ação	apologia
O cliente é exposto às marcas a partir de experiências, anúncios e recomendações.	O cliente processa as mensagens das marcas e é atraído por algumas delas.	Impelido pela curiosidade, o cliente pesquisa mais informações.	Incentivado por mais informações, o cliente decide qual marca comprar e usar.	Com o passar do tempo, o cliente passa a ter um senso de lealdade, demonstrado por meio da defesa da marca.

Figura 7.1 O caminho dos 5 As do cliente

Os 5 As refletem o fato de que muitas decisões de compra pessoais do consumidor são, no fundo, decisões sociais. O consumidor sente dificuldade em tomar decisões por conta própria em um mundo de ritmo acelerado, proliferação de conteúdo e queda do nível de atenção. Por isso ele recorre à mais confiável fonte de aconselhamento: os amigos e a família. Hoje, o consumidor toma a iniciativa de se conectar, fazer perguntas sobre as marcas e recomendá-las aos outros. Em consequência, a medida da fidelidade do consumidor deixa de ser as meras retenção e recompra e passa a ser a defesa desse produto.

Na fase de *assimilação*, o consumidor é exposto a uma longa série de marcas com base em experiências, comunicações de marketing ou defesa da marca feita por terceiros. Tendo assimilado várias marcas, o consumidor passa a processar todas as mensagens às quais foi exposto – criando memórias de curto prazo ou amplificando memórias de longo prazo – e se vê atraído por apenas uma lista restrita dessas marcas. Essa é a fase da *atração*. Impelido pela curiosidade, o consumidor costuma tomar a iniciativa de pesquisar as marcas que o atraem, em busca de mais informação junto a amigos e família, à mídia ou diretamente com as marcas. É o estágio da *arguição*.

Caso tenha sido convencido pelas informações adicionais no estágio da *arguição*, o cliente passará à *ação*. É importante lembrar que as ações desejáveis do cliente não estão limitadas à atividade de comprar. Depois de comprar determinada marca, o cliente vai interagir mais profundamente através do consumo e do uso, assim como dos serviços pós-compra. Com o passar do tempo, o cliente pode desenvolver um senso de fidelidade à marca, que se reflete na retenção, na recompra e, por fim, na defesa da marca para outras pessoas. É o estágio da *apologia*.

O objetivo máximo de toda empresa é levar o cliente da assimilação à apologia, proporcionando interações excepcionais ao longo da jornada. Para realizar isso, as empresas precisam projetar meticulosamente cada ponto de contato e determinar onde usar a automação e onde usar um toque humano pessoal. Em geral, a automação é útil quando o cliente exige apenas rapidez e eficiência, como na hora de fazer uma reserva ou um pagamento. Por outro lado, o ser humano ainda é superior na realização de tarefas que exigem flexibilidade e compreensão do contexto, como em interações de consulta e hospitalidade.

O ser humano e a máquina na nova CX

Os papéis das pessoas e das máquinas têm importância igual em uma CX híbrida. Não apenas os dois são melhores em coisas diferentes, mas também se complementam. A velocidade e a eficiência do computador concedem mais liberdade ao ser humano para a execução de outras atividades que exijam imaginação. A automação é uma ponte para levar nossa criatividade a um nível mais alto. Nesse sentido, a tecnologia deve ser reconhecida como possibilitadora e aceleradora de inovações. Ela está a serviço do propósito para o qual tinha sido inventada como liberadora de recursos humanos.

Antes de fazermos um mergulho mais profundo naquilo em que máquinas e pessoas se saem melhor, precisamos entender o paradoxo de Moravec. Hans Moravec é o autor de uma frase famosa segundo a qual é relativamente fácil fazer um computador sair-se bem em testes de inteligência, mas quase impossível atribuir-lhe a percepção e as competências motoras de uma criança de 1 ano de idade.

O raciocínio, considerado uma funcionalidade de alto nível no ser humano, pode ser facilmente ensinado ao computador, pois envolve uma vida inteira de aprendizado consciente. Uma vez que sabemos como funciona, podemos simplesmente treinar as máquinas com essa mesma lógica em um processo bastante direto. Em razão do maior poder de processamento, elas vão aprender mais rapidamente do que conseguiríamos e usar o aprendizado de forma mais confiável.

Por outro lado, o conhecimento sensorial e motor – nossas percepção e reação ao entorno – é mais difícil de treinar no computador. Parece uma competência de baixo grau de complexidade, aprendida na primeira infância, quando a criança interage sem dificuldade com as pessoas e o ambiente. É uma questão de empatia e de compreensão intuitiva dos sentimentos das outras pessoas. Ninguém sabe como a criança desenvolve essas funcionalidades, já que a maioria provém do aprendizado inconsciente, adquirido ao longo de milhões de anos de evolução humana. Assim, para nós é difícil ensinar aquilo que não compreendemos.

Os cientistas de inteligência artificial vêm tentando fazer uma engenharia reversa do aprendizado inconsciente aplicando o processo consciente. O computador analisa bilhões de rostos e suas características singulares para reconhecer um por um e até adivinhar qual a emoção por trás dele. O mesmo vale para o estudo de vozes e de idiomas. Os resultados têm sido espetaculares, mas foram necessárias décadas para obtê-los. Na robótica, o êxito tem sido limitado. Os robôs vêm conseguindo replicar movimentos do nosso corpo, como reação a estímulos exteriores, mas não conseguem reproduzir sua graciosidade.

O computador consegue superar facilmente competências humanas vistas por muita gente como nossas grandes qualidades – como o raciocínio e o pensamento lógico. Inversamente, aquilo que para o ser humano parece natural aprender exige da máquina décadas e enorme poder de processamento do computador para imitar. Competências em que nem sequer pensamos – por exemplo, empatia e bom senso – são aquelas que nos diferenciam dos computadores. É esse o paradoxo.

Variações no tratamento da informação

Um fator-chave que define a distinção entre as pessoas e os computadores é a capacidade de lidar com informações. Existe uma ordem na gestão do conhecimento que é conhecida como "hierarquia DICS": dados, informações, conhecimento e sabedoria. Existem várias versões de diferentes autores, e esta é parcialmente inspirada na peça *The Rock*, de T. S. Eliot. Usamos um modelo de seis níveis no qual acrescentamos "ruído" e "ideias" ao modelo DICS (ver Figura 7.2).

Os dados, as informações e o conhecimento são os domínios consolidados da máquina. O computador se tornou extremamente bom na transformação de dados desorganizados em informações relevantes, com rapidez e capacidade quase ilimitada. As novas informações resultantes são, em seguida, adicionadas a um reservatório de informações correlatas e outros contextos já conhecidos para desenvolver algo chamado "conhecimento". O computador organiza e gerencia esse tesouro de conhecimento em seu armazenamento, para recuperá-lo sempre que necessário. A natureza quantitativa e o enorme poder de processamento tornam as máquinas ideais para esse tipo de trabalho.

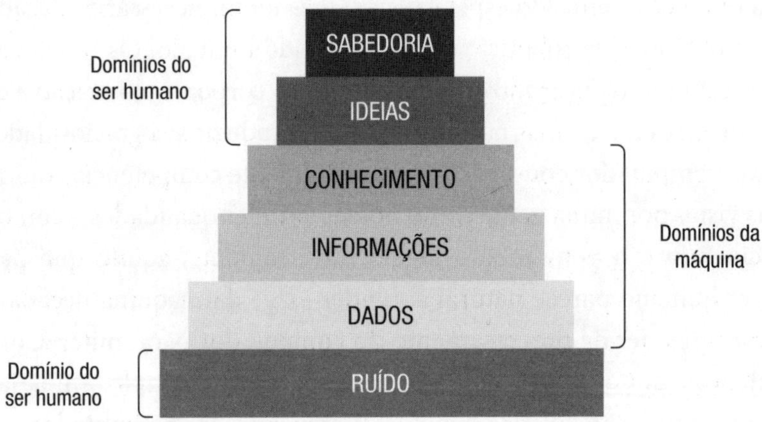

Figura 7.2 A pirâmide da gestão do conhecimento

Por outro lado, os três elementos mais difusos e intuitivos (ruído, ideias e sabedoria) pertencem aos domínios do ser humano. O ruído é uma distorção ou um desvio dos dados, que pode ser um grande fator de distração ao agrupar os dados de forma estruturada. Exemplo disso são os *outliers*, ou valores aberrantes, que o computador é capaz de identificar rapidamente como um desvio significativo de outros conjuntos de dados. Mas um *outlier* tanto pode ser uma variação válida quanto um erro. E a única forma de determinar isso é por meio de um juízo subjetivo, baseado na compreensão do mundo real. E é aí que o ser humano – um empresário, não um cientista de dados – desempenha um papel na decisão de manter o valor aberrante ou excluí-lo.

O julgamento humano para filtrar o ruído é vital. Em alguns casos, a descoberta de anomalias, ou seja, de dados aberrantes, pode levar a novas ideias. Muitas vezes pesquisadores de mercado ou etnógrafos têm ideias importantes pela observação de comportamentos heterodoxos do consumidor. Eles também podem buscar observar usuários extremos, nas duas pontas de uma distribuição estatística normal, para encontrar ideias que fujam aos padrões. Como ocorrem raramente, em geral essas observações incomuns são consideradas sem significância estatística. O aspecto qualitativo da descoberta de ideias, além do conhecimento já consolidado, é mais adequado à natureza instintiva do ser humano.

No topo da pirâmide está a sabedoria, talvez a virtude do ser humano mais complicada para a máquina imitar. Ela nos ajuda a tomar as decisões certas com um misto de pontos de vista sem viés, julgamentos corretos e considerações éticas. Ninguém sabe exatamente como adquirimos sabedoria ao longo da vida. Mas a maioria das pessoas concordaria que a sabedoria vem de um tesouro de experiências práticas – e não teóricas. Em outras palavras, o ser humano aprende tanto das consequências positivas quanto das negativas de suas decisões passadas e, com o passar do tempo, a sabedoria se aguça. Ao contrário do aprendizado de máquina, que é restrito, trata-se de um processo muito amplo, que abarca todos os aspectos da vida humana.

Na área das pesquisas de mercado, o computador ajuda o profissional de marketing no processamento de informações e na criação de modelos de simulação do mercado. No fim das contas, porém, o profissional de marketing precisa usar a sabedoria para extrair ideias práticas e tomar a decisão certa. Muitas vezes é preciso que o ser humano desautorize a decisão recomendada pela inteligência artificial.

Um bom exemplo foi o incidente aéreo que envolveu David Dao, retirado à força de um voo da United em 2017. Quatro passageiros tiveram que ceder seus lugares a um grupo de funcionários da empresa aérea que precisava embarcar com urgência na aeronave. Um algoritmo de maximização de receitas identificou Dao como um dos passageiros que podiam ser retirados, por conta de seu status de cliente "de menor valor" - avaliação baseada em seu programa de fidelidade e no tipo de tarifa. Um fato relevante que o computador não foi capaz de reconhecer era que Dao era um médico que precisava ver um paciente no dia seguinte. Obedecer cegamente ao viés do computador, sem levar em conta a empatia humana, pode levar muitas vezes à decisão errada. O tratamento grosseiro daquela situação sabotou a importância do toque humano na CX.

Pensamento colaborativo entre humanos e máquinas

Seres humanos e máquinas também podem colaborar tanto no pensamento convergente quanto no divergente. É sabido que os computadores são capazes de raciocínio convergente, isto é, a identificação de padrões e *clusters* (grupos homogêneos) em múltiplos conjuntos de dados desestruturados, que incluem não apenas textos e números, mas também imagens e peças audiovisuais. Em compensação, os seres humanos são competentes em raciocínio divergente: gerar novas ideias e explorar várias soluções em potencial.

Essas funções complementares têm enorme potencial, por exemplo, na melhoria da eficácia da publicidade. O computador pode analisar milhões de anúncios e descobrir correlações entre dimensões criativas básicas (paleta de cores, texto ou design) e resultados (nível de assimilação, apelo emocional ou taxa de conversão em compras). Isso pode ser feito tanto para testes de criação pré-posicionamento quanto para um levantamento do histórico de desempenho de anúncios. O Chase Bank, por exemplo, usa inteligência artificial da Persado para redação de textos publicitários. Nos testes criativos, o aplicativo conseguiu superar o desempenho de redatores humanos na obtenção de taxas de cliques maiores. A escolha de palavras foi refinada a partir de uma gigantesca base de palavras, ranqueadas por ordem de apelo emocional.

Isso não deve ser visto como uma ameaça aos gerentes de marca e às agências de publicidade. Até agora, nenhuma máquina foi capaz de substituir o ser humano na redação de *briefings* para agências ou na criação, do zero, do texto de um anúncio – isto é, na confecção de um posicionamento de marca que tenha impacto e que seja traduzido na mensagem certa. O computador tampouco é o ideal para a criação de uma campanha inovadora e autêntica. A inteligência artificial, porém, pode ajudar a otimizar os anúncios na escolha de palavras, cores e layouts melhores.

O ser humano e a máquina na interface com o cliente

Na interface com o cliente, pessoas e máquinas também caminham lado a lado. Em geral, a escolha do canal depende do nível do consumidor. A interação humana costuma ficar reservada para aqueles consumidores mais valiosos ou com maior potencial em razão do elevado custo do serviço. Enquanto isso, as máquinas são usadas para avaliar *leads*, assim como interagir com consumidores de baixo custo do serviço. Essa segmentação do serviço permite o controle de custos pelas empresas, ao mesmo tempo que garante a gestão dos riscos.

De fato, o uso de inteligência artificial para fins de interação é arriscado. O hoje extinto *chatbot* Tay, da Microsoft, ilustra esse problema. Ele aprendia com tweets abusivos de usuários provocadores e respondia; Tay acabou postando mensagens igualmente ofensivas no Twitter. O *bot* foi encerrado apenas 16 horas depois do lançamento. O Google viveu um problema parecido quando seu algoritmo de reconhecimento de imagens rotulou como gorilas os amigos negros de um usuário. A empresa consertou o algoritmo eliminando a palavra "gorila" completamente de seus rótulos. A insensibilidade da IA é uma das maiores ameaças a gerir.

O computador cai bem apenas nos casos de demandas previsíveis e tarefas programadas. Soluções como quiosques self-service e *chatbots* cuidam apenas de pedidos e transações básicas. O ser humano é mais flexível em um leque mais amplo de assuntos, ficando por isso mais capacitado a ter bom desempenho em funções consultivas. A melhor compreensão do contexto permite que o ser humano se adapte a circunstâncias imprevisíveis e situações incomuns com o cliente que fujam aos procedimentos-padrão.

A empresa de software HubSpot, por exemplo, usa um *chatbot* para capturar e desenvolver *leads* no topo e no meio de funil de vendas. Mas ela designa uma equipe de vendas para fazer vendas consultivas para *leads* bem avaliados e uma equipe de alto contato para o *onboarding*. No pós-venda, a empresa volta a recorrer ao *chatbot* para responder a demandas simples.

O ser humano é, acima de tudo, amistoso e gregário. Em qualquer tarefa que exija empatia, a conexão de pessoa para pessoa oferece as melhores soluções. Algumas empresas que até já têm instaladas soluções de tecnologia avançada para gestão dos clientes ainda recorrem às competências sociais humanas para a entrega de serviços. Veja o caso da rede hoteleira Marriott e seu M Live, centro de escuta social. Quando a escuta social identifica uma oportunidade perdida em algum local Marriott - por exemplo, um casal em lua de mel -, o centro de comando notifica o respectivo hotel para que possa ser feita uma surpresa aos hóspedes.

A compreensão daquilo que pode ser entregue pela automação e aquilo que pode ser entregue pelo toque humano é um passo inicial importante na criação de uma CX onipresente e excepcional (ver Figura 7.3). E muitas vezes não é uma questão de escolher entre uma e outra. As empresas precisam deixar de lado a mentalidade de "máquina substitui o ser humano" ou estarão perdendo uma oportunidade de otimizar suas operações. Na verdade, o ser humano e o computador precisam coexistir e aproveitar os pontos fortes recíprocos na maioria dos pontos de contato. O passo seguinte, portanto, envolve reimaginar e recriar o caminho do cliente para extrair o máximo poder da colaboração (ver Capítulo 11).

MÁQUINA	SER HUMANO
Eficiente no processamento de **dados**, na extração de **informações** e na gestão do **conhecimento**.	Capaz de filtrar **ruídos**, extrair **ideias novas** e desenvolver **sabedoria**.
Talhada para raciocínio **convergente** e **estruturado** e descoberta de **padrões**.	Hábil no **raciocínio divergente** e na descoberta de **soluções fora da caixa**.
Excelente no uso do raciocínio **lógico** com base em **algoritmos** específicos.	Ótimo no uso de **empatia** para criar uma **conexão** que é **correspondida**.
Confiável em tarefas **repetitivas** e **programáveis** em alta velocidade e grande escala.	Flexível para tarefas que exigem **compreensão do contexto** e **raciocínio sensato**.

Figura 7.3 Como combinar os pontos fortes de máquinas e seres humanos

Como alavancar a *next tech* para uma nova CX: uma lista básica

Para assegurar uma colaboração suave entre ser humano e máquina, os profissionais de marketing da próxima geração precisam possuir conhecimento operacional das tecnologias, sobretudo aquelas que aprimoram as ações de marketing. Um grupo de tecnologias frequentemente utilizado pelos profissionais de marketing ganhou o nome de *martech* (de *marketing technology*). São sete os usos mais comuns da *martech* no caminho do consumidor.

Publicidade

A publicidade é uma abordagem para comunicar a mensagem da marca ao público pretendido por meio de diversas mídias pagas. Em um mundo de atenção tão escassa, a publicidade pode ser encarada como invasiva. A relevância é crucial. Portanto, o emprego mais comum da tecnologia na publicidade é na definição do público-alvo. As empresas conseguem maximizar a eficiência encontrando o segmento certo, o que acaba aumentando a percepção de relevância do anúncio.

A tecnologia também ajuda o profissional de marketing a montar um retrato fiel dos segmentos do público ou personas, o que leva à criação de anúncios melhores. Como em publicidade a mesma solução não serve para todos, a IA é capaz de produzir rapidamente diversas criações, com diferentes combinações de texto e visual. Esse processo, também chamado de "criação dinâmica", é essencial para fins de personalização.

A personalização não se limita apenas às mensagens publicitárias, mas se aplica ainda ao posicionamento de mídia. A publicidade contextual permite que os anúncios apareçam na hora certa, no meio certo, de maneira automática. Por exemplo, um anúncio de carro pode aparecer na tela de um usuário pesquisando o próximo carro que vai comprar em um site de resenhas. Como a mensagem do anúncio fica alinhada com a área de interesse daquele momento, costuma haver um aumento da taxa de resposta (ver Capítulo 10).

Por fim, outro importante uso da publicidade é na compra programada de mídia. Uma plataforma de programação permite que o publicitário automatize a compra e a gestão dos espaços pagos na mídia. Por se tratar de uma compra consolidada, por meio de leilão automatizado, a publicidade programada se tornou um jeito útil de otimizar os gastos com mídia.

Marketing de conteúdo

Marketing de conteúdo virou um termo da moda nos últimos anos. Ele vem sendo promovido como uma alternativa mais sutil à publicidade na economia digital. Conteúdo é considerado menos invasivo do que anúncios, e o marketing de conteúdo faz uso de um misto de entretenimento, educação e inspiração para atrair a atenção sem a pegada de vendas propriamente dita. Um princípio fundamental do marketing de conteúdo é a definição clara do grupo-alvo, para que o profissional de marketing possa projetar conteúdo interessante, relevante e útil. Dessa forma, no marketing de conteúdo a definição do público-alvo se torna ainda mais essencial.

A análise de dados é útil para rastrear e analisar as necessidades e os interesses do público. Ela permite que o especialista em marketing de conteúdo crie e faça a curadoria de artigos, vídeos, infográficos e outros conteúdos que o público-alvo tenha maior probabilidade de consumir. A AI também possibilita que esse processo, que é bastante trabalhoso, seja automatizado.

Com a análise preditiva, o profissional de marketing de conteúdo pode visualizar a jornada de cada consumidor em seu site. Assim, em vez de exibir conteúdo estático com base em um fluxo predeterminado, o profissional de marketing pode oferecer um conteúdo dinâmico. Em outras palavras, cada visitante do site verá um conteúdo distinto, conforme seu comportamento passado e suas preferências. Isso permite ao especialista em marketing de conteúdo conduzir o consumidor ao longo do caminho até a compra. Assim, a taxa de conversão de visitante para *lead* e daí para comprador pode ganhar um impulso significativo, levando à maximização do desempenho. Amazon e Netflix, por exemplo, apresentam páginas personalizadas que aproximam o usuário da ação desejada por essas marcas.

Marketing direto

O marketing direto é uma tática mais direcionada para a venda de produtos e serviços. Ao contrário da publicidade nos meios de comunicação de massa, o marketing direto está mais para uma distribuição individualizada de ofertas de vendas, com intermediários, em geral usando mídias como o correio e o e-mail. Na maioria dos casos, o cliente em potencial assina um canal de marketing direto com a expectativa de receber ofertas promocionais e as últimas atualizações – o chamado "marketing de permissão".

Uma mensagem de marketing direto tem que parecer pessoal para não ser percebida como spam. Por isso o texto da mensagem precisa ser redigido sob medida para aquela pessoa, o que pode ser feito com inteligência artificial. Mas talvez o uso mais importante do marketing direto seja o sistema de recomendação de produtos, uma característica por excelência do e-commerce. Graças aos motores, o profissional de marketing pode prever quais produtos o cliente tem maior probabilidade de comprar, com base em seu histórico, e gerar as ofertas de acordo com isso. Como a personalização das ofertas é fundamental e o volume delas pode ser gigantesco, o uso de um fluxo de trabalho automatizado no marketing direto é indispensável.

E, como as ofertas sempre incluem uma chamada à ação, o êxito de uma campanha pode ser tanto previsto quanto medido pela análise das taxas de conversão. Por isso o uso da tecnologia também pode ser benéfico à previsão e à análise da campanha. O rastreamento permanente das respostas vai permitindo aos algoritmos o aprimoramento ao longo do tempo.

Gestão do relacionamento com o consumidor de vendas (CRM de vendas)

No setor de vendas, a tecnologia de automação pode trazer importantes economias de custos, ao mesmo tempo que facilita os ganhos de escala.

Alguns itens do processo de gestão de *leads*, sobretudo no topo de funil, podem ser delegados a *chatbots*. Graças a eles, a captura de *leads* pode ser conversacional, usando formulários menos formais. A natureza programável da avaliação de *leads* faz dela um processo ideal para os *chatbots* assumirem. Alguns *bots* avançados também podem automatizar o processo de retenção de *leads* – ou o meio de funil de vendas –, respondendo a demandas de clientes prospectivos e propiciando informações contextualmente relevantes de maneira inteligente.

A tecnologia de marketing também evoluiu na área da gestão de contas. Em todo o setor, de maneira vertical, as equipes de vendas passam uma quantidade importante de tempo em tarefas administrativas e atividades não relacionadas a vendas. Com o CRM de vendas, a informação das contas inclui o histórico de contatos e as oportunidades de vendas, organizados automaticamente, liberando a equipe de vendas para focar na atividade-fim. A quantidade gigantesca de dados coletada no processo de gestão de *leads* equipa o pessoal humano de vendas com as informações corretas para levar adiante as transações.

A realização de previsões também é um problema para muitas empresas, já que a maior parte da equipe de vendas se baseia na intuição para avaliar cada *lead*. O problema é que cada membro da equipe tem um tipo de intuição diferente, o que torna defeituosas as previsões como um todo. A análise preditiva permite que a equipe de vendas faça previsões mais precisas e priorize melhor as oportunidades de vendas.

Canais de distribuição

A *next tech* também tem vários usos no aprimoramento dos canais de distribuição. O mais popular, sobretudo depois da pandemia de covid-19, é nas interações sem contato na linha de frente do varejo. Além de reduzir custos, as interfaces self-service e os robôs na linha de frente são mais vantajosos para interações simples, como transações bancárias, recebimento de encomendas de alimentação e check-in em aeroportos. A pandemia também pode levar, finalmente, a um aumento no número de entregas feitas por drones. Na China, a JD.com tornou-se a primeira a empresa a realizar *delivery* por drone para regiões remotas durante o *lockdown*.

As tecnologias avançadas podem ainda garantir uma experiência do cliente sem atrito. Os varejistas estão entre os primeiros a fazer experiências com sensores. A Amazon, que continua expandindo sua presença física, ensaiou sistemas de pagamento por biometria em várias filiais da Whole Foods. Na China, o cliente pode fazer check-out no varejo simplesmente parando na frente de caixas equipados com dispositivos de reconhecimento ligados ao Alipay ou ao WeChat Pay.

Da mesma forma, o uso da IoT vem se popularizando. Em lojas inteligentes equipadas com sensores, a movimentação dos visitantes pode ser analisada, de modo que é possível mapear com facilidade a verdadeira jornada do consumidor. Assim o varejista pode realizar ajustes na organização das lojas, aprimorando a experiência. Graças à IoT, o varejista também pode determinar com precisão a localização de cada cliente em cada momento, viabilizando um marketing de localização preciso em cada corredor e cada prateleira.

Com uma mistura de *next tech*, os atores dos canais podem empoderar o consumidor em uma experiência virtual de pré-compra. A realidade aumentada (RA) e a busca por voz, por exemplo, têm sido usadas pelo Sam's Club para destacar características de produtos e para a orientação dentro das lojas. A realidade virtual (RV) possibilita que o cliente navegue pelas lojas sem se deslocar até elas. A Prada, por exemplo, foi a primeira marca de luxo a usar a RV como substituta da experiência física durante a pandemia.

Produtos e serviços

As tecnologias de marketing são preciosas não apenas no aperfeiçoamento da interação com o cliente, mas também na melhoria dos produtos e serviços mais importantes. A tendência às compras on-line e à personalização deu ensejo aos conceitos de customização de massa e cocriação. Hoje todos querem produtos feitos sob medida, com as próprias iniciais, cores favoritas e medidas exatas do corpo. Da Gillette à Levi's, passando pela Mercedes-Benz, as empresas estão ampliando suas linhas de produtos com a oferta de opções de customização.

A precificação dinâmica também precisa ser implantada para atender às enormes possibilidades da customização. No setor de serviços, o papel da precificação customizada fica ainda mais evidente. As seguradoras, por exemplo, oferecem a opção de escolher a cobertura que mais convém às necessidades específicas do consumidor, e isso se reflete no preço. As linhas aéreas podem determinar as tarifas com base em inúmeras variáveis em vez de simples informações genéricas, como o atual nível de demanda e concorrência nas rotas, além do histórico de valor de clientes individuais. A tecnologia também viabiliza um modelo de negócios "tudo é serviço" em compras antes de valor alto, como a de um software corporativo ou de um automóvel.

A análise preditiva também pode ser útil no desenvolvimento de produtos. As empresas podem avaliar o risco dos planos atuais e estimar a aceitação pelo mercado. Por exemplo, a PepsiCo usou a análise de dados da Black Swan para avaliar tendências de conversas sobre bebidas e prever quais produtos em seu *pipeline* tinham maior probabilidade de êxito (ver Capítulo 9).

Gestão do relacionamento com o cliente de serviços (CRM de serviços)

O uso de *chatbots* é popular não apenas para a gestão do funil de vendas, mas também para responder a demandas de serviços. Com um *chatbot*, a empresa pode proporcionar acesso à assistência técnica 24 horas por dia e oferecer soluções imediatas para os problemas mais comuns, o que é crucial no mundo digital. E a empresa pode garantir maiores consistência e integração em diferentes canais, como sites, redes sociais e aplicativos de celular. O mais importante é que o *chatbot* reduz o fardo dos representantes de assistência ao cliente ao cuidar das tarefas simples.

Para demandas mais complexas, o *chatbot* pode transferir a solicitação, sem descontinuidade, para agentes de assistência técnica. A integração com a base de dados de CRM pode melhorar de forma significativa o desempenho dos agentes, capacitando-os com uma lista de interações anteriores e outras informações relevantes. A partir daí, os agentes podem determinar qual a melhor solução para o problema do cliente.

Outro uso importante tem a ver com a detecção de cancelamentos. As empresas vêm usando a escuta social para rastrear e medir o sentimento do consumidor on-line. Porém, com um motor de análise preditiva embutido na plataforma de escuta social, as empresas também podem prever a probabilidade de cancelamento do cliente, prevenindo-o.

Sem sombra de dúvida, as empresas têm que tirar o máximo proveito das tecnologias de marketing. A questão principal para os líderes das empresas, porém, é como determinar quais tecnologias devem ser implementadas, já que nem todas se encaixam na estratégia geral de cada empresa. O desafio seguinte é integrar os diferentes usos da tecnologia em uma CX sem descontinuidades e sem atritos (ver Figura 7.4). Uma certeza é que, com a tecnologia, os profissionais de marketing poderão deixar a parte científica do marketing para as máquinas, concentrando-se na parte artística.

Resumo: As máquinas são legais, mas o ser humano tem emoções

A experiência do consumidor é o novo jeito de conquistar mercados intensamente concorridos. Experiências interativas e imersivas, antes periféricas, agora chegam a ser mais importantes do que o produto ou o serviço em si. Para criar uma experiência do cliente (CX) convincente e superior em todos os pontos de contato, da assimilação à apologia, é indispensável tirar proveito das tecnologias avançadas.

No marketing, os usos da *next tech* estão disseminados entre sete

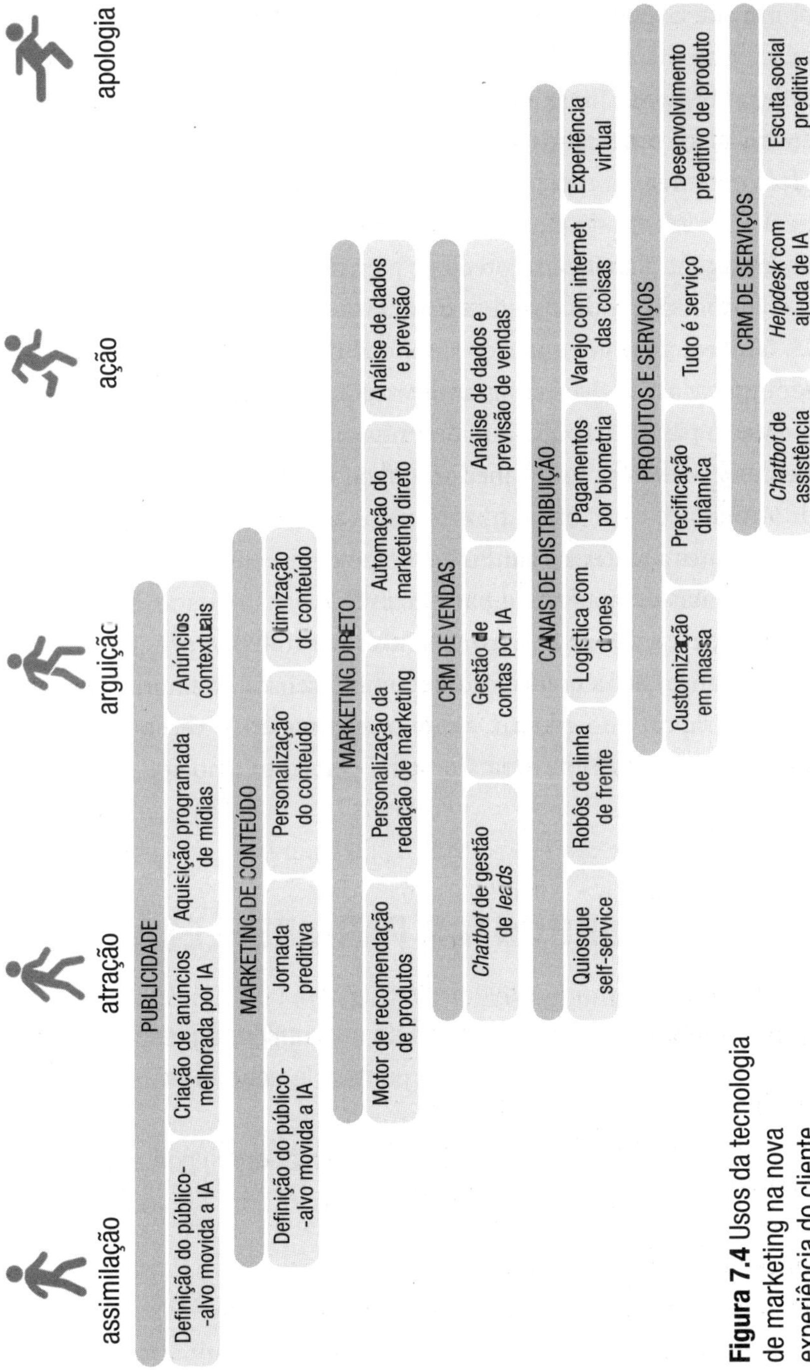

Figura 7.4 Usos da tecnologia de marketing na nova experiência do cliente

pontos de contato diferentes: publicidade, marketing de conteúdo, marketing direto, vendas, canais, ofertas e serviços. A tecnologia é útil, em primeiro lugar, na análise de dados e na descoberta de ideias em relação a mercados-alvo específicos. Encontrar a configuração ideal, por exemplo, na compra e precificação de mídia, é uma área na qual a tecnologia de marketing se mostrou eficaz. O poder preditivo da inteligência artificial é precioso para as previsões de vendas, recomendações de produtos e detecção de potencial de cancelamentos. A IA também permite que o profissional de marketing personalize os produtos e os serviços em grande escala e com rapidez.

Mas o papel do toque humano nunca deve ser desprezado, já que ele contrabalança, com sabedoria, flexibilidade e empatia, o aporte de velocidade e eficiência trazido pelos computadores. O acesso sem precedentes a ideias e o ganho de tempo com a automação liberam os profissionais de marketing para investir na criatividade. Enquanto a máquina é mais confiável para os fluxos de trabalho programáveis, o ser humano, com sua intuição e seu bom senso, é bem mais flexível. O mais importante, porém, é que o ser humano é verdadeiramente insubstituível quando se trata de criar conexões emocionais.

PERGUNTAS PARA REFLEXÃO

- **Você mapeia a jornada do consumidor em sua organização. Quais são os pontos de contato mais críticos com base na sua experiência?**
- **Que melhorias a tecnologia de marketing pode trazer nesses pontos de contato mais críticos? Como você pretende implementá-las?**

Parte IV

As novas táticas para alavancar a tecnologia de marketing

8 Marketing direcionado por dados

Como criar um ecossistema de dados para uma melhor seleção de mercados-alvo

Em 2012, uma reportagem de Charles Duhigg na *The New York Times Magazine* gerou grande repercussão. A matéria tratava da previsão da gravidez de uma adolescente, feita pela Target, uma rede de lojas de varejo. O pai da adolescente ficou furioso ao saber que a filha vinha recebendo cupons de desconto da empresa para artigos de bebê. Achou que havia um engano na correspondência e que a Target a estava incentivando a engravidar. Depois de uma conversa com a filha, descobriu que ela estava de fato grávida.

Um ano antes desse episódio, a Target havia elaborado um algoritmo para prever a probabilidade de uma consumidora estar grávida com base nos artigos comprados por ela. A rede varejista atribuiu um número único de identificação a cada comprador, conectando-o a todas as informações demográficas e ao histórico de compras. A análise de big data havia revelado um padrão específico de consumo para mulheres efetivamente grávidas, que poderia ser usado para prever compras futuras de clientes que se encaixassem naquele padrão. A empresa chegou a tentar prever o dia do parto com base no momento da compra. Esse esforço valeria a pena para determinar quem receberia cupons pelo correio e quando.

Esse caso é um excelente exemplo de uma empresa que tira proveito de ecossistemas de dados para tomar decisões mais informadas. O marketing direcionado por dados é o primeiro passo na implementação do Marketing 5.0. Ao possuir um motor de análise de dados, as marcas podem prever as compras mais prováveis dos clientes em potencial com base em seu histórico de aquisições. Assim, as marcas podem enviar ofertas personalizadas e realizar campanhas customizadas. A infraestrutura digital atual possibilita fazer esse tipo de coisa não apenas para alguns segmentos de mercado, mas também para clientes individuais, um por um.

Há mais de vinte anos os profissionais de marketing sonham com uma ferramenta capaz de criar um marketing verdadeiramente personalizado. Don Peppers e Martha Rogers foram propositores precoces do marketing individualizado, uma prática muitíssimo cobiçada. Os "segmentos de um" são considerados o ápice da segmentação, e a implementação das tecnologias digitais no marketing, no fim das contas, os tem como objetivo máximo.

Os segmentos de um

O mercado é heterogêneo e cada consumidor é único. É por isso que os pontos de partida do marketing sempre são a segmentação e a seleção de mercados-alvo. Com base na compreensão do mercado, as empresas podem desenhar estratégias e táticas para abordá-lo. Quanto mais micro a segmentação, mais a abordagem de marketing será correspondida, porém mais difícil será a execução.

A própria segmentação, enquanto método, evoluiu desde sua concepção, nos anos 1950. Existem quatro maneiras de realizar uma segmentação de mercado: geográfica, demográfica, psicológica e comportamental.

Os quatro métodos de segmentação

Os profissionais de marketing sempre começam pela segmentação geográfica, que consiste em dividir o mercado em países, regiões, cidades e localidades. Ao perceber que um segmento geográfico é amplo demais, acrescentam-se variáveis demográficas: idade, gênero, profissão e classe socioeconômica. "Mulheres jovens de classe média moradoras de Illinois" ou "baby boomers ricos de Nova York" são exemplos de nomes de segmentos que combinam variáveis geográficas com variáveis demográficas.

Por um lado, os métodos de segmentação geográfica e demográfica partem do geral para o específico, sendo, por isso, de compreensão muito fácil. E, o que é melhor, são práticos. As empresas sabem exatamente onde e como identificar os segmentos. Por outro lado, os segmentos representam menos quando aqueles com o mesmo perfil demográfico e vivendo na mesma região geográfica têm preferências de compra e comportamentos diferentes. Além disso, são segmentos relativamente estáticos, ou seja, determinado cliente só pode ser classificado no mesmo segmento para todos os produtos. Entretanto, na verdade a jornada de decisão do cliente varia conforme a categoria e o ciclo de vida dos produtos.

Com a disseminação das pesquisas de mercado, os profissionais de marketing passaram a usar uma abordagem do específico para o geral. Em vez de subdividir o mercado, agrupam os consumidores com preferências e comportamentos semelhantes em *clusters* (grupos homogêneos) conforme suas respostas às perguntas de uma pesquisa. Apesar desse método, o agrupamento é exaustivo, ou seja, cada consumidor individual daquela população é incluído em um segmento. Entre os métodos mais conhecidos estão a segmentação psicográfica e a comportamental.

Na segmentação psicográfica, os consumidores são agrupados conforme suas crenças e seus valores pessoais, bem como seus interesses e sua motivação. Os nomes de segmentos que resultam disso são, em geral, autoexplicativos, como "alpinista social" ou "experimentador". Um segmento psicográfico também demonstra determinada atitude em relação a uma característica específica de um produto ou serviço, por exemplo, "preocupado com a qualidade" ou "atento ao custo". A segmentação psicográfica propicia uma boa estimativa do comportamento de compra. São os valores e atitudes que determinam a tomada de decisões.

Um método ainda mais preciso é a segmentação comportamental, pois agrupa retroativamente os consumidores com base em seu comportamento anterior. Os segmentos comportamentais podem receber nomes que refletem a frequência e o valor dos gastos, como "viajante frequente" ou "alto gastador". Também podem indicar a fidelidade do cliente e o grau de interação com nomes como "fã fiel", "comprador infiel" ou "comprador de primeira viagem".

São técnicas extremamente significativas, já que os segmentos espelham com precisão *clusters* (grupos homogêneos) de consumidores com necessidades diferentes. Dessa forma, o profissional de marketing pode traçar estratégias sob medida para cada grupo. A segmentação psicográfica e comportamental, porém, é menos prática. Segmentos com nomes como "viciado em aventura" ou "caçador de pechinchas" são úteis apenas na hora de projetar um anúncio criativo ou no *pull marketing*, a estratégia de "puxar" o cliente. No *push marketing*, no qual se "empurra" o produto, porém, fica mais difícil para a equipe de vendas e o restante do pessoal da linha de frente identificar os segmentos na hora em que estão cara a cara com o cliente.

A segmentação precisa ser feita do geral para o específico e do específico para o geral. Em outras palavras, precisa ser relevante e prática. Logo, precisa combinar todos os quatro conjuntos de variáveis: geográficas, demográficas, psicográficas e comportamentais. Com a segmentação psicográfica e comportamental, o profissional de marketing pode agrupar os consumidores em segmentos relevantes e, em seguida, adicionar o perfil geográfico e demográfico a cada segmento, tornando-os práticos de usar.

Como criar uma "persona"

A breve descrição fictícia que resulta de uma segmentação de clientes com todos os quatro métodos é chamada de persona. Eis um exemplo de persona:

> *John tem 40 anos e é gerente de marketing digital com 15 anos de experiência, trabalhando atualmente em uma grande empresa de bens processados. É responsável pelo design, desenvolvimento e implementação de campanhas de marketing em todas as mídias digitais, reportando-se ao diretor de marketing.*
>
> *O diretor mede o desempenho de John por meio do conhecimento geral da marca e das taxas de conversas on-line nos canais de e-commerce. Além de lutar para melhorar o desempenho com base nessas métricas, John também é extremamente cioso dos custos, acreditando que o gasto com marketing digital tem que ser o mais eficiente possível.*
>
> *Para dar conta de tudo, John dispõe de uma equipe e ainda de agências de marketing digital. Tem cinco pessoas que se reportam a ele, cada uma responsável por um canal de mídia diferente. Ele tem contrato com uma agência de SEO, que o ajuda a cuidar do site, e com uma agência de mídias sociais, que o auxilia com o marketing de conteúdo.*

A persona do exemplo acima pode ser útil para uma agência de marketing digital ou para um software de automação de marketing digital que esteja em busca de novos clientes. Ela estabelece o perfil do *prospect* ficcional e, o mais importante, o que é relevante para ela. Assim, essa persona pode ser útil na elaboração da estratégia de marketing apropriada.

A segmentação e a definição do perfil dos consumidores sempre foram questões fundamentais para o profissional de marketing. Porém o advento do big data abre novas possibilidades de coleta

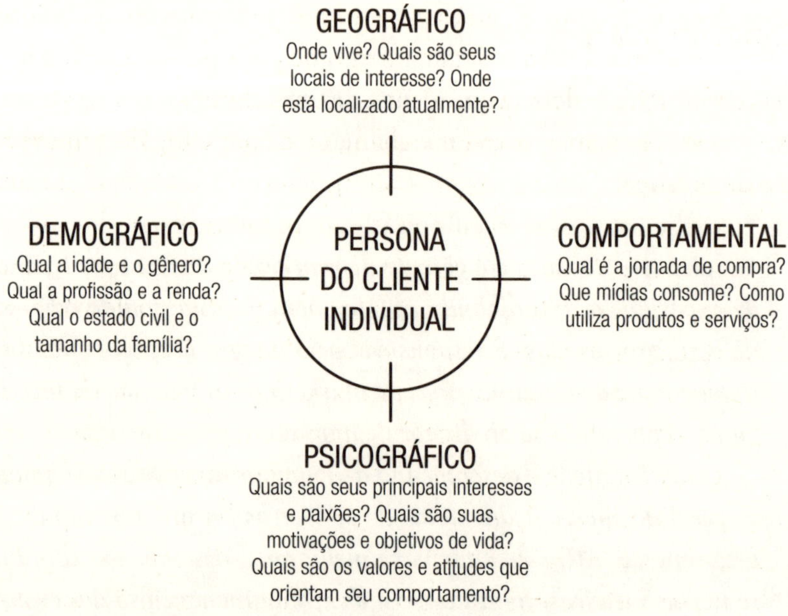

Figura 8.1 Perfis de clientes nos "segmentos de um"

de novos tipos de informação de mercado e de microssegmentação (ver Figura 8.1). As bases de dados de clientes e as pesquisas de mercado já não são mais as únicas fontes de informações sobre o consumidor. Dados de mídia, dados sociais, dados da web, dados dos pontos de venda, dados da internet das coisas e dados de engajamento – todos podem enriquecer os perfis de consumidores. O desafio para as empresas é criar um ecossistema de dados que integre todas essas informações.

Uma vez estabelecido esse ecossistema de dados, o profissional de marketing pode aprimorar sua prática de segmentação de marketing de duas maneiras:

1. O big data permite que o profissional segmente o mercado em sua unidade mais granular: o consumidor individual. Na prática, é possível criar uma persona real para cada cliente. Com base nisso, as empresas podem executar marketing de um por um ou de

segmentos de um. E, graças ao enorme poder dos computadores, não há limites para o detalhamento de cada persona nem para o número de clientes que podem ser perfilados.

2. A segmentação se torna mais dinâmica com o big data, que permite ao profissional de marketing alterar a estratégia durante sua execução. Hoje as empresas podem rastrear o deslocamento de um cliente de um segmento para outro em tempo real, de acordo com os diferentes contextos. Um passageiro de avião, por exemplo, pode preferir um assento na classe executiva para uma viagem de negócios e optar pela classe econômica nas viagens de lazer. O profissional de marketing também pode rastrear se uma intervenção de marketing conseguiu fazer um consumidor infiel se tornar fiel.

É importante observar que, apesar desses aprimoramentos, a segmentação tradicional ainda é vantajosa, pois torna mais simples a compreensão do mercado. Um rótulo que descreva um grupo de consumidores ajuda o profissional de marketing a ter uma ideia clara do mercado. Isso não poderia ser feito com um excesso de "segmentos de um", já que o poder de processamento do cérebro humano é bem inferior ao do computador. Essa rotulagem fácil de entender também ajuda a mobilizar a equipe da empresa no sentido de uma visão geral da marca.

Como preparar o marketing direcionado por dados

Grandes estratégias de marketing costumam vir de grandes sacadas sobre o mercado. Ao longo das últimas décadas, os profissionais de marketing aperfeiçoaram a forma de realizar pesquisas de mercado de modo a descobrir informações que a concorrência não tem. Um misto de pesquisa qualitativa e levantamentos quantitativos tornou-se a norma para qualquer profissional antes do início de um ciclo de planejamento de marketing.

Na última década os profissionais de marketing também desenvolveram uma obsessão por coletar uma base de dados de clientes robusta a fim de facilitar uma melhor gestão do relacionamento com o cliente (CRM). A disponibilidade do big data levou ao advento do marketing direcionado por dados. Os profissionais de marketing acreditam que, debaixo de um volume de dados maciço, é possível encontrar ideias instantâneas capazes de empoderá-los, turbinando o marketing como nunca antes. E eles começam a pensar em como fundir dois conjuntos de dados estanques – a pesquisa de marketing e a análise de dados – em uma plataforma única de gestão de dados.

Embora o marketing direcionado por dados seja tão promissor, são poucas as empresas que descobriram o melhor jeito de praticá-lo. A maioria acaba fazendo um pesado investimento em tecnologia sem, no entanto, conseguir obter de forma plena os benefícios desse ecossistema de dados. Esse fracasso no uso do marketing direcionado por dados se deve a três razões básicas:

1. As empresas costumam tratar o marketing direcionado por dados como um projeto de TI. Ao embarcar nessa jornada, concentram-se excessivamente na escolha das ferramentas de software, no investimento para a montagem da infraestrutura e na contratação de cientistas de dados. O marketing direcionado por dados precisa ser um projeto de marketing. A infraestrutura de TI tem que estar a serviço da estratégia de marketing, e não o contrário. Não basta para isso que a equipe de marketing apoie o projeto. É preciso que os profissionais de marketing sejam os definidores e criadores de todo o processo de marketing direcionado por dados. Como acreditam muitos pesquisadores de mercado, um grande volume de dados nem sempre se traduz em ideias melhores. A chave é entender o que procurar em um oceano de informações e, para isso, é preciso ter clareza dos objetivos de marketing.
2. A análise de big data costuma ser considerada a bala de prata que revela todas as sacadas sobre o consumidor e resolve todos

os problemas de marketing. O big data não é um substituto para os métodos tradicionais de pesquisa de mercado, sobretudo os métodos *high-touch* como a etnografia, os testes de usabilidade ou as degustações. Na verdade, big data e pesquisa de mercado precisam ser complementares, reforçando um ao outro, porque o marketing direcionado por dados precisa de ambos. As pesquisas de mercado são conduzidas em ciclos regulares, com objetivos específicos e restritos. Por outro lado, o big data tem que ser coletado e analisado em tempo real para aprimorar o marketing continuamente.

3. A análise de big data é tão promissora em relação à automação que as empresas acham que, uma vez implantada, pode ser deixada no piloto automático. A expectativa é que o profissional de marketing jogue um conjunto gigantesco de dados em uma caixa-preta chamada algoritmo e obtenha respostas instantâneas para suas perguntas. Na verdade, no marketing direcionado por dados ainda é preciso que se coloque a mão na massa. E, embora as máquinas possam detectar padrões de dados melhor do que qualquer ser humano, continuará sendo necessário um profissional de marketing com experiência e compreensão do contexto para filtrar e interpretar esses padrões. E, o mais importante, as ideias que podem ser colocadas em prática exigem profissionais de marketing para elaborar as novas campanhas e ofertas, ainda que com o auxílio do computador.

Passo 1: defina os objetivos do marketing direcionado por dados

Iniciar qualquer projeto com objetivos claros deveria ser óbvio. No entanto, com frequência projetos de marketing direcionado por dados são lançados primeiro e os objetivos ficam para depois. Além disso, a maioria dos projetos envolvendo dados acaba se tornando muito ambiciosa, pois os profissionais de marketing querem conseguir tudo ao mesmo tempo. Assim, os projetos acabam complicados demais, a obtenção de resultados comprovados se mostra um desafio difícil de superar e, por fim, as empresas desistem.

Os usos do marketing direcionado por dados são, de fato, inúmeros e de escopo amplo. Com o big data, os profissionais de marketing podem encontrar novas ideias de produtos e serviços e estimar a demanda do mercado. As empresas também podem criar produtos e serviços customizados, personalizando a experiência do cliente. O cálculo do preço exato e a definição de um modelo dinâmico de precificação também exigem uma abordagem com base em dados.

Além de ajudar os profissionais de marketing na definição do que deve ser oferecido, o big data também é útil para determinar como fazer a entrega. Na comunicação de marketing, o profissional usa o big data para definir o público-alvo, criar conteúdo e selecionar as mídias. Ele é valioso para o *push marketing*, como na seleção dos canais e na geração de *leads*. Também é comum utilizar os dados para a assistência pós-venda e a retenção do cliente. O big data é muito usado para prever desistências e determinar medidas de recuperação do serviço.

Apesar dos usos abundantes, é crucial concentrar o foco em um ou dois objetivos ao embarcar em um empreendimento de marketing direcionado por dados. O ser humano, por natureza, desconfia daquilo que não entende, e os detalhes técnicos do marketing direcionado por dados podem ser uma incógnita intimidante para todos na organização – do topo à base.

Objetivos bem definidos são mais fáceis de comunicar, o que ajuda a mobilizar as pessoas na organização, sobretudo os céticos. Além disso, auxilia a alinhar as diferentes unidades, angariar-lhes o comprometimento e garantir a responsabilização. Metas focadas também obrigam o profissional de marketing a pensar em como alavancar o desempenho mais eficaz e a centrar nisso o foco das ações. Quando o profissional de marketing seleciona o objetivo de maior impacto, a empresa pode obter vitórias rápidas e relevantes, conquistando assim a adesão imediata de todos.

Ao estabelecer metas claras, a iniciativa de marketing direcionado por dados se torna mensurável e passível de ser acompanhada de perto (ver Figura 8.2). As ideias surgidas da análise de dados também renderão mais ações práticas, levando a ações específicas de aprimoramento do marketing.

"O que oferecer"	"Como oferecer"
• Descoberta de novas ideias de produtos e serviços	• Definir e localizar o público certo
• Estimativa da demanda do mercado por produtos e serviços	• Determinar a mensagem e o conteúdo de marketing corretos
• Recomendações para compra seguinte	• Selecionar o mix correto de mídias para a comunicação
• Criação do produtos e serviços customizados	• Selecionar o mix de canais para ir ao mercado
• Personalização da experiência do consumidor	• Criar o perfil do cliente para gerar e sustentar *leads*
• Definição do preço correto de novos produtos	• Projetar níveis de assistência ao cliente
• Viabilização de uma política de precificação dinâmica	• Identificar queixas em potencial e desistência de clientes

Figura 8.2 Exemplos de objetivos do marketing baseado em dados

Passo 2: identifique os dados necessários e disponíveis

Na era digital o volume de dados vem crescendo exponencialmente. O nível de detalhamento não só vem se aprofundando, como a variedade também está se expandindo. No entanto, nem todo dado tem valor e relevância. Depois de colocar uma lupa nos objetivos, as empresas precisam começar a identificar os dados certos a serem coletados e analisados.

Não existe um jeito certo de classificar o big data. Mas uma das maneiras práticas é separar de acordo com a fonte:

1. Dados sociais, que incluem todas as informações que os usuários de mídias sociais compartilham, como localização, perfil demográfico e interesses.
2. Dados de mídia, que incluem medições de audiência em mídias tradicionais, como televisão, rádio, imprensa e cinema.
3. Dados de tráfego na web, que incluem todos os logs gerados por usuários navegando na web, como visualizações, buscas e compras.
4. Dados de pontos de venda e transações, incluindo todos os registros de transações feitas pelo consumidor, como localização, quantia, informações do cartão de crédito, compras, horários e, às vezes, número do documento do cliente.
5. Dados da internet das coisas, incluindo todas as informações coletadas por aparelhos e sensores conectados, como localização, temperatura, umidade, proximidade de outros aparelhos e indicadores de saúde.
6. Dados de engajamento, que incluem todos os pontos de contato diretos entre empresas e clientes, como dados de *call center*, trocas de e-mails e dados de chats.

Os profissionais de marketing precisam desenvolver um plano de coleta de dados que obtenha cada item de dados necessário à obtenção do objetivo predeterminado. Uma matriz de dados é uma ferramenta útil que mapeia os dados necessários em relação à meta. Olhando horizontalmente a matriz de dados, o profissional de marketing pode determinar se dispõe de dados suficientes para atingir aquele objetivo. Para obter ideias válidas, é preciso fazer uma triangulação de dados: dispor de múltiplas fontes de dados contribui para uma compreensão convergente. Olhar verticalmente a matriz de dados também ajuda o profissional de marketing a compreender quais informações necessita extrair de cada fonte de dados (ver Figura 8.3).

Alguns tipos de dado mencionados na enumeração anterior, como os dados de transações e engajamento, são internos e podem ser acessados pelo profissional de marketing. No entanto, nem todo dado interno está pronto para uso. A depender da qualidade da organização e da manutenção dos registros, pode ser necessária uma limpeza dos dados. Isso inclui corrigir conjuntos de dados imprecisos, consolidar dados duplicados e lidar com registros incompletos.

Outros conjuntos de dados, como os sociais e de mídia, são externos e devem, por isso, ser adquiridos de terceiros. Alguns também podem vir de parceiros da cadeia de valor, como fornecedores, empresas de logística, varejistas e empresas terceirizadas.

OBJETIVOS	ANÁLISE NECESSÁRIA	FONTES DE DADOS					
		Dados sociais	Dados de mídia	Dados da web	Dados de pontos de venda	Dados da internet das coisas	Dados de engajamento
Selecione o mix de mídias adequado às comunicações de marketing	Perfil do público e definição do alvo	X	X	X	X	X	X
	Mapeamento da jornada do cliente	X	X	X	X	X	X
	Análise de conteúdo	X		X			
	Hábitos de mídia	X	X	X			
	Eficiência do *inbound* marketing	X		X	X		X

>> Triangulação de dados

Foco da análise

Figura 8.3 Modelo de matriz de dados

Passo 3: monte um ecossistema integrado de dados

A maioria das iniciativas de marketing direcionado por dados começa com projetos ágeis e *ad hoc*. No longo prazo, porém, é preciso que isso se torne uma operação rotineira. Para certificar-se de que o esforço de coleta de dados seja mantido e atualizado continuamente, as empresas precisam montar um ecossistema de dados que integre todos os dados externos e internos.

O maior desafio para a integração de dados é encontrar um denominador comum para todas as fontes. O ideal é integrar os dados no nível do consumidor individual, o que permite o marketing de "segmentos de um". Boas práticas de registro asseguram que cada conjunto de dados capturado a respeito do cliente esteja sempre ligado a uma identidade única daquele cliente.

Embora seja algo simples para fontes de dados internas, o uso de identidades únicas para cada cliente é um exercício mais complicado para dados externos, ainda que factível. Por exemplo, os dados sociais podem ser integrados à identidade do cliente e a seu histórico de compras caso o consumidor se logue em sites de e-commerce usando a própria conta em redes sociais, como Google e Facebook. Outro exemplo de integração de dados é o uso de aplicativos de fidelização do cliente para conectar sensores "faróis" inteligentes. Quando o celular do cliente passa perto de um sensor – no corredor de uma loja, por exemplo –, esse sensor registra a movimentação. Isso é útil para rastrear a jornada do cliente em espaços físicos.

Nem sempre, porém, é possível conectar tudo a uma identidade individual do cliente, sobretudo por questões de privacidade. Uma solução de meio-termo é usar uma segmentação demográfica específica como denominador comum. Por exemplo, o nome de segmento "sexo masculino, 18-34 anos" pode ser uma identidade única que consolide todos os itens de dados de todas as fontes em relação àquele grupo demográfico específico.

Cada conjunto dinâmico de dados deve ser armazenado em uma

única plataforma de gestão de dados, permitindo ao profissional de marketing capturar, armazenar, gerir e analisar os dados de forma abrangente. Todo projeto de marketing direcionado por dados com objetivos novos deve continuar a usar a mesma plataforma, o que possibilita enriquecer o ecossistema de dados, beneficiando a empresa caso decida usar a aprendizagem de máquina para automatizar a análise.

Resumo: Como criar um ecossistema de dados para uma melhor seleção de mercados-alvo

O advento do big data transformou a face da segmentação e da seleção de mercados-alvo. A amplitude e a profundidade dos dados sobre os consumidores estão crescendo exponencialmente. Dados de mídia, dados sociais, dados da web, dados de pontos de venda, dados da internet das coisas e dados de engajamento formam, juntos, um perfil riquíssimo de clientes individuais, permitindo que o profissional pratique o marketing de "segmentos de um".

Na era digital o problema não é mais a falta de dados, e sim identificar aqueles que importam. É por isso que o marketing direcionado por dados deve começar sempre pela definição de objetivos restritos e específicos. Com base nessas metas, o profissional de marketing precisa obter os conjuntos de dados relevantes e integrá-los em uma plataforma de gestão de dados que esteja conectada a um motor de análise ou de aprendizado de máquina. As ideias resultantes disso podem levar a ofertas de marketing e campanhas mais afiadas.

O marketing direcionado por dados, porém, nunca deve ser adotado como uma iniciativa de TI. Uma equipe líder robusta de marketing deve capitanear o projeto e alinhar os recursos da empresa, inclusive o suporte de TI. O envolvimento de todos os profissionais de marketing da organização é fundamental, pois o marketing direcionado por dados não é uma bala de prata nem pode ser jamais tocado no piloto automático.

PERGUNTAS PARA REFLEXÃO

- Pense em como uma gestão de dados melhor pode aprimorar as práticas de marketing em sua organização. Qual é o fruto pronto a ser colhido?
- Como você segmenta o mercado para seus produtos e serviços? Trace um mapa da estrada para implementar o marketing de "segmentos de um" nos dados da sua organização.

9 Marketing preditivo

Como antecipar as demandas do mercado com ações proativas

Ao final da temporada de beisebol profissional de 2001 nos Estados Unidos, o time do Oakland Athletics perdeu três jogadores cruciais em razão de uma cláusula que os liberava de seus contratos. Sob pressão para substituir os três dentro de um orçamento restrito, o então gerente-geral, Billy Beane, recorreu à análise de dados para montar uma equipe forte para a temporada seguinte. Em vez de usar os olheiros tradicionais e as informações de bastidores, o Athletics usou o que nos Estados Unidos é conhecido como *sabermetrics* – a análise das estatísticas de cada partida.

Graças à análise de dados, o Athletics descobriu que métricas individuais subestimadas, como a porcentagem de chegadas à base e a porcentagem de bases alcançadas por chance de rebater, permitiam prever o desempenho melhor do que outras estatísticas ofensivas mais convencionais. Como nenhuma outra equipe recrutava jogadores com base nesses números, essas ideias permitiram que o Athletics contratasse jogadores subavaliados, mantendo uma folha salarial relativamente modesta. Essa história notável foi documentada no livro *Moneyball: O homem que mu-*

dou o jogo, de Michael Lewis, e no filme homônimo de Bennett Miller.

Isso atraiu a atenção de times de outros esportes e de investidores esportivos do mundo inteiro. Um deles foi John Henry, proprietário do Boston Red Sox (beisebol) e do Liverpool FC (futebol). Modelos matemáticos foram utilizados para a reconstrução do Liverpool. O time de futebol, apesar de sua fantástica história, estava sofrendo para ser competitivo na Premier League inglesa. Com base na análise de dados, o clube contratou o técnico Jürgen Klopp e recrutou alguns jogadores para o time que acabaria vencendo a UEFA Champions Legue de 2019 e a Premier League inglesa de 2020.

São histórias que ilustram bem a essência da análise preditiva. Ela permite que as empresas antecipem o movimento do mercado antes que ele ocorra. Tradicionalmente, os profissionais de marketing se baseiam na estatística descritiva, que apresenta o comportamento passado, e usam a própria intuição para fazer previsões bem informadas sobre o que vai acontecer. Na análise preditiva, a maior parte do trabalho é realizada pela inteligência artificial (IA). Os dados passados são alimentados em um motor de aprendizado de máquina para revelar padrões específicos, o que é chamado de "modelo preditivo". Ao abastecer de dados o modelo, o profissional de marketing pode prever desfechos futuros, como quem tem mais probabilidade de comprar, que produto será vendido ou qual campanha vai dar certo. Como o marketing preditivo é fortemente baseado em dados, em geral as empresas adquirem essa funcionalidade por meio do ecossistema de dados previamente implantado (ver Capítulo 8).

Com essas previsões, as empresas conseguem ser mais proativas em seus investimentos para o futuro. Elas podem, por exemplo, prever se novos clientes cujas transações ainda são de pequeno valor irão se tornar grandes contas. Dessa forma, a decisão de investir recursos no crescimento de clientes específicos é otimizada. Antes de alocar muitos recursos ao desenvolvimento de um novo produto, as empresas também podem usar a análise de dados preditiva para ajudar na filtragem de ideias. No fim das contas, a análise de dados preditiva leva a um retorno melhor do investimento em marketing.

A modelagem preditiva não chega a ser uma novidade. Já faz muitos anos que os profissionais de marketing direcionado por dados constroem modelos regressivos para encontrar causalidades entre ações e resultados. Com o aprendizado de máquina, porém, o computador não precisa de um algoritmo predeterminado de cientistas de dados para começar a desvelar padrões e modelos por conta própria. Muitas vezes os modelos preditivos resultantes que saem da "caixa-preta" do aprendizado de máquina parecem acima da compreensão e do raciocínio humanos. E isso é bom. Na hora de prever o futuro, o profissional de marketing não está mais sujeito a vieses, suposições e pontos de vista limitados do passado.

Aplicações do marketing preditivo

A análise preditiva usa e examina dados históricos. Mas vai além da estatística descritiva, que é útil para gerar relatórios retrospectivos dos resultados anteriores da empresa e para explicar as razões por trás desses resultados. As empresas com visão de futuro querem saber mais do que simplesmente o que já aconteceu. A análise preditiva também vai além da análise em tempo real, usada para obter respostas rápidas no marketing contextual (Capítulo 10) ou para testar atividades no marketing ágil (Capítulo 12).

A análise preditiva examina o comportamento anterior do consumidor para avaliar a probabilidade de ele realizar atos similares ou relacionados no futuro. Ela descobre padrões sutis no big data e recomenda o melhor curso de ação. Extremamente voltada para o futuro, ajuda o profissional de marketing a se manter fora da curva, preparar respostas de marketing com antecedência e influenciar o resultado.

A análise preditiva é crucial na adoção de medidas proativas e preventivas, o que é perfeito para fins de planejamento de marketing. Com a análise preditiva, o profissional de marketing dispõe de uma ferramenta poderosa para aprimorar a tomada de decisões (ver Figura 9.1). Ele pode, a partir dela, determinar qual é o cenário de mercado mais provável de se concretizar e quais clientes vale a pena buscar. Também pode avaliar quais ações e estratégias de marketing apresentam maior probabilidade de êxito antes de lançá-las – reduzindo significativamente os riscos de fracasso.

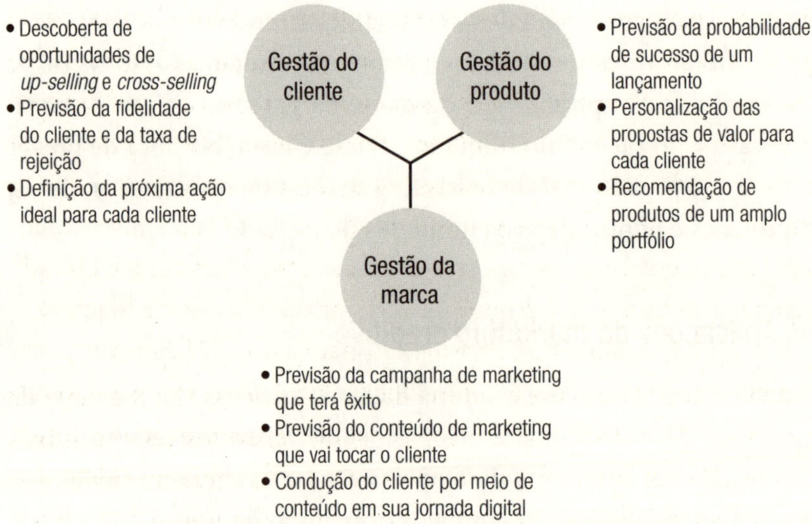

Figura 9.1 Aplicações do marketing preditivo

Gestão preditiva do cliente

Selecionar os mercados-alvo e servi-los sem saber que receita o cliente vai gerar no futuro é um pesadelo em termos de investimentos de marketing. O profissional da área precisa decidir se vai gastar com a aquisição de clientes e arcar com o custo dos serviços – publicidade, marketing direto, assistência ao cliente e gestão de contas – para adquirir e reter o cliente. A análise preditiva pode ajudá-lo a tomar essa decisão ao estimar o valor do cliente.

O modelo preditivo usado para fins de gestão de clientes é chamado de modelo de *customer equity*. Ele mede o valor vitalício do cliente (CLV, do inglês *customer lifetime value*), que é o valor atual projetado de receita líquida gerada por um cliente ao longo de sua relação com a empresa. É uma forma de enxergar a longo prazo o retorno futuro do investimento, algo crucial porque no primeiro ou no segundo ano a maioria dos clientes pode não ser lucrativa em função de seu alto custo de aquisição.

Esse conceito é mais relevante nas empresas B2B e nas empresas de serviços com relacionamento de longo prazo com os clientes, como bancos e telecomunicações. As empresas que atendem clientes corporativos têm enormes despesas de aquisição de clientes, sobretudo com congressos, feiras e custos com pessoal. Da mesma forma, os bancos gastam muito com publicidade e bônus de adesão, ao passo que as telecoms são famosas pelos subsídios aos aparelhos para atrair clientes. Para as empresas desses setores, o custo de marketing é elevado demais para transações pontuais e relacionamentos de curto prazo.

O papel da análise de dados na estimativa do CLV é prever a reação do cliente às ofertas de *up-selling* e *cross-selling*. Em geral, os algoritmos se baseiam no histórico de dados de quais produtos foram comprados em conjunto por clientes com perfis similares. Além disso, o profissional de marketing pode prever a duração do relacionamento com cada cliente. A análise preditiva pode detectar a taxa de rejeição e, o que é fundamental, descobrir as razões da rejeição. Dessa forma, a empresa pode elaborar estratégias de retenção eficientes para evitar atrito com o consumidor. Por essas razões, a análise preditiva não apenas prevê, mas também melhora o CLV.

Estando o cliente perfilado e seu CLV calculado, o profissional de marketing pode implementar o marketing da "próxima melhor ação" (NBA, do inglês *next best action*). Trata-se de um método centrado no cliente no qual o profissional de marketing tem um plano de ação sincronizado, claro, passo a passo, para cada cliente. Em outras palavras, é um plano de marketing para os "segmentos de um". Com interações multicanal, do marketing digital à equipe de vendas, o profissional conduz cada cliente da pré-venda ao serviço pós-venda, passando pela venda propriamente dita. A cada passo, a análise preditiva pode ajudar a determinar qual será o passo seguinte: enviar mais material de marketing, criar uma demonstração do produto ou enviar uma equipe para uma reunião.

Em sua forma mais simples, é possível fazer uma divisão dos clientes em níveis com base no CLV, o que é, na prática, uma ferramenta de alocação de recursos. Essa categorização determina quanto a empresa pode alocar na aquisição e retenção de um cliente em cada nível específico. O profissional pode priorizar com quais clientes construir um relacionamento e, com o passar do tempo, levá-los a subir de nível.

Essa também passa a ser a base de diferentes interfaces oferecidas pela empresa para interagir com cada cliente. Por exemplo, os clientes com contribuição mais lucrativa terão acesso a uma equipe exclusiva de assistência ao cliente, ao passo que os demais terão acesso a uma interface digital automatizada (ver Capítulo 11).

Gestão preditiva do produto

O profissional de marketing pode usar a análise preditiva ao longo de todo o ciclo de vida do produto. As previsões podem começar logo no início de sua idealização. Com base na análise dos atributos que funcionam em produtos já disponíveis no mercado, a empresa pode desenvolver novos produtos combinando todas as características certas.

Essa prática de marketing preditivo permite que a equipe de desenvolvimento de produto evite ter que voltar constantemente à prancheta. Ter um protótipo e um projeto com mais chance de êxito nos testes de mercado e no lançamento efetivo poupa grande parte do custo de desenvolvimento. Além disso, os algoritmos também são alimentados por informações externas sobre aquilo que é tendência e que também vai ter impacto sobre os compradores em potencial. Isso permite ao profissional de marketing ser proativo e alavancar tendências antes dos concorrentes.

Vejamos o exemplo da Netflix. A empresa de mídia começou a criar conteúdo original para fortalecer sua vantagem competitiva em relação aos concorrentes emergentes e para reduzir seu custo de conteúdo a longo prazo. Também usou a análise de dados para orientar as decisões de quais séries originais e filmes produzir. *House of Cards*, por exemplo, foi desenvolvida com base em previsões de que faria sucesso a combinação de Kevin Spacey como protagonista, David Fincher como diretor e uma temática de drama político inspirada em uma série original da TV britânica.

A análise preditiva também é essencial para selecionar qual produto oferecer a partir de um portfólio de opções existentes. O algoritmo preditivo usado se chama sistema de recomendações, que sugere produtos ao cliente com base em seu histórico e nas preferências de clientes com perfil semelhante. O modelo de propensão estima a probabilidade de compra de um cliente com determinado perfil quando certos produtos são oferecidos. Isso permite ao profissional de marketing proporcionar ao cliente uma proposta de valor personalizada. Quanto mais tempo o modelo funcionar e quanto mais dados de respostas de clientes acumular, melhores serão as recomendações.

O motor de recomendação costuma ser mais usado por varejistas, como Amazon e Walmart, e empresas de serviços digitais, como YouTube e Tinder. Mas é uma aplicação que também já se infiltrou em outros setores. Qualquer empresa com uma grande base de clientes e um amplo portfólio de produtos ou de conteúdo verá valor nos motores de recomendação de produtos. Esse modelo ajudará as empresas na automação do processo de casamento entre produtos e mercados.

Além disso, o modelo de recomendação preditiva é mais útil quando os produtos são comprados e usados juntos, ou conjuntamente. Essa modelagem envolve o que é conhecido como "análise de afinidade do produto". Por exemplo, quem compra uma camisa provavelmente tem interesse em comprar um par de calças ou de sapatos que combine. E quem lê uma reportagem provavelmente vai querer ler outras do mesmo repórter ou saber mais sobre aquele assunto.

Gestão preditiva da marca

A análise preditiva pode ajudar o profissional de marketing a planejar suas atividades de comunicação de marketing e da marca, sobretudo no espaço digital. As principais exigências para essa análise de dados são a montagem de perfis completos do público e o mapeamento dos elementos-chave de campanhas bem-sucedidas do passado. Essa análise será útil para visualizar quais campanhas futuras têm maior probabilidade de êxito. Como o aprendizado de máquina é uma atividade incessante, o gerente de marketing pode continuar avaliando suas campanhas e otimizando-as nos pontos em que ainda não funcionam.

Ao realizar a criação publicitária e desenvolver o marketing de conteúdo, o gerente de marca pode utilizar o aprendizado de máquina para medir o interesse do consumidor diante de várias combinações de textos e layouts. A análise de sentimento nas mídias sociais e os sites de resenhas de terceiros podem ser usados para compreender como o consumidor se sente em relação à sua marca ou campanha. Também se pode coletar dados de quais campanhas digitais atraem o maior número de cliques. Dessa forma, o gerente de marca pode realizar criações e conteúdos que gerem o resultado ideal, como sentimentos positivos e altas taxas de cliques.

A análise preditiva pode ser uma poderosa ferramenta para orientar a distribuição de conteúdo para o público certo. Isso funciona de duas maneiras: as empresas podem projetar o conteúdo sobre a marca e a partir daí identificar quais os segmentos de consumidores mais eficazes a atingir, bem como quando e onde engajá-los. Ou as empresas podem traçar o perfil do consumidor e em seguida prever qual conteúdo vai impactá-lo mais em cada passo de jornada do cliente.

O consumidor pode sofrer para encontrar a informação que busca em meio à enorme quantidade de conteúdos que as marcas divulgam. O modelo preditivo pode representar uma solução para fazer a previsão da combinação exata entre público e conteúdo, que produz o resultado ideal. Assim, o profissional de marketing pode se destacar em meio ao excesso de conteúdo e realizar uma distribuição bem direcionada, exatamente para o público desejado.

No espaço digital as empresas podem rastrear com facilidade a jornada do cliente em diversos sites e mídias sociais. Por isso, podem prever o próximo movimento do cliente em seus engajamentos digitais. De posse dessa informação, o profissional de marketing pode, por exemplo, projetar um site dinâmico no qual o conteúdo pode ser alterado de acordo com o público. À medida que os clientes navegam pelo site, o motor de análise prevê o "próximo melhor conteúdo", que vai aumentar progressivamente o nível de interesse e aproximar um pouco mais o consumidor do ato de compra.

Como montar modelos de marketing preditivo

Existem diversas técnicas de criação de modelos de marketing preditivo, dos mais simples aos mais sofisticados. O profissional de marketing precisará da ajuda de estatísticos e cientistas de dados para a montagem e o desenvolvimento desses modelos. Portanto, não precisa compreender em profundidade os modelos estatísticos e matemáticos. No entanto, o profissional de marketing precisa ter uma compreensão das ideias básicas por trás dos modelos preditivos, de modo a poder orientar as equipes técnicas na escolha dos dados a serem usados e dos padrões a serem buscados. Além disso, ele também ajudará a interpretar o modelo, assim como desdobrará as previsões em operações concretas.

A seguir, alguns dos tipos de modelo preditivo mais usados para diversos fins.

Modelos regressivos para previsões simples

A modelagem regressiva é a ferramenta mais básica, porém a mais útil na análise preditiva. Trata-se de um modelo que analisa a relação entre variáveis independentes (ou dados explanatórios) e variáveis dependentes (ou dados responsivos). As variáveis dependentes são os resultados ou desfechos que os profissionais de marketing estão tentando atingir, como dados de cliques ou de vendas. Em compensação, as variáveis independentes são os dados que influenciam os resultados, como o *timing* da campanha, o texto do anúncio ou o grupo demográfico dos consumidores.

Na análise regressiva o profissional de marketing procura as equações estatísticas que expliquem a relação entre as variáveis dependentes e independentes. Em outras palavras, ele tenta compreender quais ações de marketing têm o impacto mais relevante e levam aos melhores resultados para a empresa.

A relativa simplicidade da regressão, em comparação com outras técnicas de modelagem, faz dela a mais popular. A análise regressiva pode ser utilizada para diversas aplicações de marketing preditivo, como a construção de modelos de *customer equity*, modelos de propensão, modelos de detecção de rejeição e modelos de afinidade de produtos.

Em geral, a modelagem de regressão é realizada em várias etapas:

1. Coleta de dados de variáveis dependentes e independentes. Para a análise regressiva, conjuntos de dados – de variáveis tanto dependentes quanto independentes – devem ser reunidos simultaneamente e com amostragens suficientes. Por exemplo, o profissional de marketing pode apurar o impacto da cor de um banner digital nas taxas de cliques coletando uma amostra grande o bastante de cores e os dados de cliques resultantes.

2. Definição da equação que explica a relação entre as variáveis. Por meio de um software de estatística, o profissional de marketing pode elaborar a equação que se encaixa melhor nos dados. A equação mais básica é a que forma uma linha reta, conhecida como linha de regressão linear. Outro tipo comum é a regressão logística, que usa uma função logística para modelar uma variável binária dependente, como compra/não compra ou permanência/rejeição. Por isso a regressão logística costuma ser usada para prever a probabilidade de determinado desfecho, como a probabilidade de compra.

3. Interpretação da equação para revelar ideias novas e verificar a precisão.
Vamos analisar o seguinte exemplo. Digamos que a equação mais apropriada seja definida assim:

$$Y = a+bX_1+cX_2+dX_3+e$$

Nessa fórmula, Y é a variável dependente, ao passo que X_1, X_2 e X_3 são as variáveis independentes. O a é o intercepto, que reflete o valor de Y caso não haja qualquer influência de variáveis independentes. O b, o c e o d são os coeficientes das variáveis independentes, que indicam até que ponto as variáveis independentes têm influência sobre a dependente. Nessa equação também dá para analisar o termo de erro, ou residual (expresso por e). Uma fórmula regressiva sempre gera erro, já que as variáveis independentes nem sempre explicam inteiramente a variável dependente. Quanto maior o termo de erro, menos precisa é a equação.

4. Previsão das variáveis dependentes considerando as variáveis independentes.
Uma vez estabelecida a fórmula, o profissional de marketing pode prever as variáveis dependentes com base em determinadas variáveis independentes. Dessa maneira ele pode visualizar o desfecho de um mix de ações de marketing.

Filtragem colaborativa para sistemas de recomendação

A técnica mais popular de montagem de um sistema de recomendação é a filtragem colaborativa. O pressuposto subjacente é que o consumidor dará preferência a produtos similares a outros que já adquiriu ou a produtos adquiridos por outros consumidores com as mesmas preferências. Para que esse modelo funcione, é necessária a colaboração do cliente, avaliando os produtos – daí o nome "filtragem colaborativa". Ela se aplica não apenas a produtos, mas também ao conteúdo, de acordo com aquilo que o profissional de marketing pretende recomendar ao consumidor.

Em suma, o modelo de filtragem colaborativa funciona conforme a seguinte sequência lógica:

1. Coleta de preferências de uma ampla base de consumidores.
Para medir quantas pessoas preferem determinado produto, o profissional de marketing pode criar um sistema comunitário de notas no qual os clientes podem avaliar um produto, seja com um simples *like/dislike* (como no YouTube) ou uma nota de zero a cinco estrelas (como na Amazon). Outra opção é propor ações que reflitam uma preferência, como a leitura de um texto, a visualização de um vídeo ou o acréscimo de produtos a uma lista de desejos ou um carrinho de compras. A Netflix, por exemplo, mede as preferências por meio dos filmes assistidos ao longo do tempo.

2. Agrupamento de consumidores e produtos similares.
Consumidores que avaliaram tipos de produto semelhantes e que demonstraram comportamentos semelhantes podem ser colocados no mesmo *cluster* (grupo homogêneo). A suposição é que fazem parte dos mesmos segmentos psicográfico (com base nos *likes/dislikes*) e comportamental (com base em suas ações). Outra opção para o profissional de marketing é agrupar itens que tiveram avaliações semelhantes de um determinado grupo de clientes.

3. Previsão da provável avaliação que um cliente dará a um produto novo.
Hoje o profissional de marketing pode prever a nota que o cliente dará a um produto que ele ainda não viu nem avaliou com base nas

notas fornecidas por clientes que pensam parecido. Essa nota prevista é essencial para que o profissional ofereça os produtos corretos, que o cliente provavelmente apreciará e em relação aos quais tomará alguma atitude no futuro.

Rede neural para previsões complexas

Uma rede neural, como o nome sugere, é vagamente modelada com base na forma como uma rede neural biológica atua dentro do cérebro humano. Trata-se de uma das ferramentas mais populares de aprendizado de máquina, ajudando as empresas a elaborar sofisticados modelos de previsão. O modelo de rede neural aprende por experiência ao processar um número gigantesco e variado de exemplos do passado. Hoje é fácil obter acesso a modelos de redes neurais. O Google, por exemplo, criou o TensorFlow, uma plataforma de aprendizado de máquina com redes neurais e software de código aberto disponível a quem se interessar.

Ao contrário dos modelos regressivos simples, as redes neurais são consideradas uma caixa-preta porque é difícil para o ser humano interpretar seu funcionamento interno. É mais ou menos o que acontece quando uma pessoa não consegue explicar como ela mesma tomou determinadas decisões tendo como base as informações disponíveis no momento. No entanto, as redes neurais são convenientes para a elaboração de modelos a partir de dados desestruturados, quando os cientistas de dados e as equipes da empresa não conseguem determinar qual é o melhor algoritmo a ser utilizado.

Em linguagem leiga, os seguintes passos explicam o funcionamento de uma rede neural:

1. Carregamento de dois conjuntos de dados: o input e o output. Um modelo de rede neural consiste em uma camada de input, uma camada de output e camadas ocultas no meio. Mais ou menos como na criação de um modelo regressivo, as variáveis independentes são carregadas na camada de input, ao passo que as variáveis dependentes vão para a camada de output. A diferença, porém, está nas camadas ocultas, que contêm, basicamente, a caixa-preta dos algoritmos.

2. Descoberta, pelas redes neurais, de conexões entre os dados.
Uma rede neural é capaz de conectar os dados para obter uma função derivada ou um modelo preditivo. Funciona de um jeito parecido com o do cérebro humano quando liga os pontinhos com base no aprendizado da vida inteira. A rede neural vai descobrir todos os tipos de padrão e relação entre cada conjunto de dados: correlações, associações, dependências e causalidades. Algumas dessas conexões podem ser previamente desconhecidas e ocultas.

3. Utilização do modelo resultante nas camadas ocultas para prever o output.
As funções derivadas dos dados usados como exemplo podem ser empregadas para prever o output a partir de determinado input novo. E, quando o verdadeiro output é inserido de volta na rede neural, a máquina aprende a partir de sua imprecisão, refinando com o passar do tempo as camadas ocultas. Por isso dá-se o nome de aprendizado de máquina. Embora isso não revele ideias para o mundo real, em razão da complexidade, a rede neural proveniente do aprendizado contínuo da máquina pode fazer previsões bastante precisas.

A escolha do modelo preditivo depende do problema a ser resolvido. Quando o problema está estruturado e é de fácil compreensão, o modelo regressivo é suficiente. Mas, quando é uma questão que envolve fatores ou algoritmos desconhecidos, os métodos de aprendizado de máquina, como as redes neurais, funcionarão melhor. O profissional de marketing também pode usar mais de um modelo para encontrar o mais adequado aos dados de que dispõe (ver Figura 9.2).

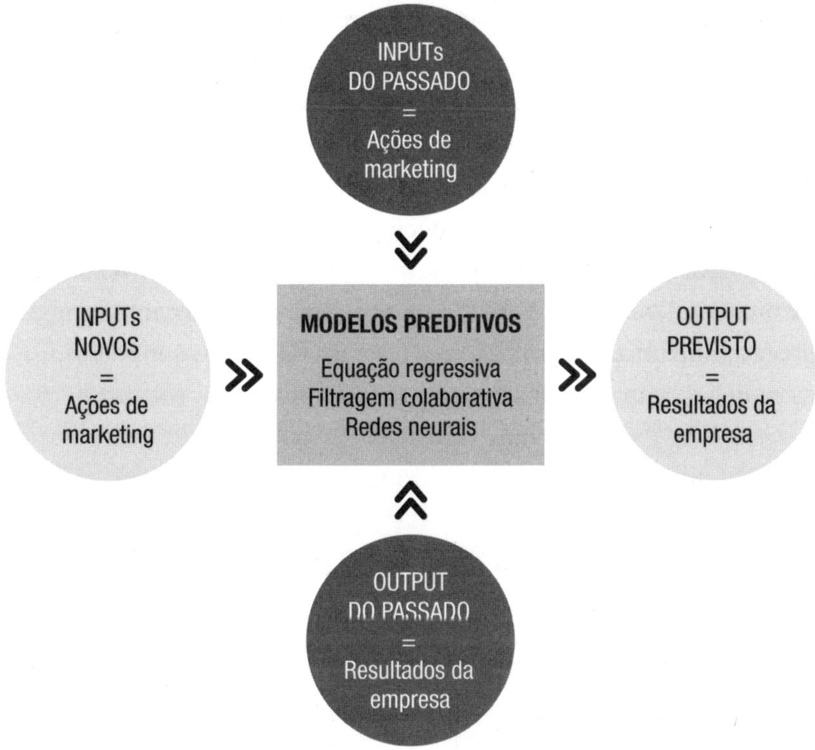

Figura 9.2 Como funciona o marketing preditivo

Resumo: Como antecipar as demandas do mercado com ações proativas

O profissional de marketing pode se manter à frente da curva ao prever os resultados de todas as ações de marketing. Na gestão do cliente, a análise preditiva pode ajudar as empresas a estimar o valor de seus clientes em potencial antes da adesão deles, determinando quanto investir para adquiri-los e desenvolvê-los.

Na gestão do produto, o profissional de marketing pode visualizar o resultado de vendas de um protótipo antes do lançamento, determinando a partir de um portfólio amplo quais linhas de produtos renderão *up-selling* e *cross-selling*. Por fim, a modelagem preditiva possibilita ao gerente de marca analisar os sentimentos do consumidor e decidir como fazer a construção da marca naquele contexto específico.

Existem várias técnicas populares de modelagem de marketing preditivo, entre elas a análise regressiva, a filtragem colaborativa e as redes neurais. O aprendizado de máquina ou a inteligência artificial podem ser utilizados na construção de modelos preditivos. Por isso, a maior parte dos profissionais de marketing não só terá necessidade do auxílio técnico de estatísticos e cientistas de dados, mas também precisará de uma compreensão estratégica de como os modelos funcionam e de como obter ideias a partir deles.

PERGUNTAS PARA REFLEXÃO

- Sua organização faz uso da análise preditiva para o marketing? Explore algumas novas aplicações do marketing preditivo.
- Como você vai implantar o marketing preditivo e integrá-lo às suas operações? Como os modelos preditivos serão socializados em toda a organização?

10 Marketing contextual

Como criar uma experiência personalizada de percepção-e-resposta

Em 2019 a Walgreens começou a testar máquinas distribuidoras de bebidas que combinam câmeras, sensores e portas com telas digitais para exibir não apenas os produtos em seu interior, mas também publicidade personalizada para o consumidor. Embora essa tecnologia não reconheça rostos nem armazene identidades, por questões de privacidade, ela consegue adivinhar a idade e o gênero do consumidor. A geladeira usa detecção facial para deduzir o grupo demográfico e as emoções do comprador que se aproxima da porta da máquina. Também utiliza rastreamento ocular e sensores de movimento para medir o interesse do comprador.

Ao combinar essas informações com outras, externas, como a meteorologia ou o calendário local de eventos, o motor de inteligência artificial é capaz de selecionar produtos e promoções específicos para divulgar nas telas. A geladeira também rastreia as escolhas do comprador e recomenda outro item, relacionado, depois do fechamento da porta. Como seria de esperar, ela coleta vários dados sobre o comportamento do comprador e quais embalagens ou campanhas funcionam melhor.

O sistema de geladeira inteligente – disponibilizado pela Cooler Screens – trouxe diversas vantagens. A Walgreens constatou um crescimento no tráfego e nas compras nas lojas onde ela foi instalada. A rede de lojas também obtém uma receita extra pela colocação dos anúncios. Além disso, a tecnologia possibilita alteração rápida de preços e promoções, assim como a realização de testes nesse sentido. Ela permite que as marcas monitorem o estoque e obtenham retorno de suas campanhas mais recentes.

Esse tipo de publicidade dinâmica e modelo de conteúdo contextual não é novidade no espaço do marketing digital. As marcas vêm fazendo uso dele para promover anúncios sob medida com base no histórico de navegação do consumidor na web. Com as geladeiras inteligentes, esse modelo chega ao espaço do varejo, criando na prática uma ponte entre os mundos físico e digital. Hoje os profissionais de marketing podem realizar marketing contextual de maneira automatizada com a ajuda da *next tech*.

Efetivamente, o objetivo de longo prazo de *next techs*, como a internet das coisas (IoT) e a inteligência artificial (IA), é reiterar a consciência situacional do ser humano. O profissional de marketing com conhecimento dessa área pode oferecer o produto certo ao cliente certo no momento certo e no local certo. Profissionais de vendas experientes, que construíram relacionamentos de longo prazo, conhecem em profundidade seus clientes e atendem cada um deles com uma abordagem sob medida. A missão é entregar essa experiência contextual em grande escala, com a ajuda da IoT e da IA.

Como criar uma infraestrutura de *smart sensing*

O ser humano desenvolve uma consciência situacional escaneando o entorno em busca de deixas sensoriais. Somos capazes de descrever as emoções alheias ao olhar para as expressões faciais e os gestos. Então sabemos se uma pessoa está irritada ou contente conosco. Para que um computador possa fazer o mesmo, é necessária uma série de sensores que coletam todas as deixas para a inteligência artificial processar.

O uso de sensores de proximidade para resposta contextual no ponto de venda

O primeiro passo na criação de um marketing contextual turbinado por IA é montar um ecossistema de sensores e aparelhos conectados, sobretudo no ponto de venda (PDV). Um dos sensores mais populares usados em PDVs é o *beacon* – um transmissor Bluetooth de baixo consumo de energia que se comunica com os dispositivos próximos. Quando vários *beacons* são instalados em um estabelecimento físico qualquer, o profissional de marketing pode determinar com precisão a localização do consumidor, assim como rastrear seus movimentos. Os sensores também podem ajudar a enviar conteúdo personalizado aos dispositivos conectados sob a forma de notificações *push*, por exemplo.

As empresas precisam determinar qual condição específica será o gatilho dos sensores que realizam as ações com base na localização. O melhor gatilho contextual é a presença do cliente. O problema, porém, é reconhecer a identidade ou o perfil desse cliente, garantindo uma resposta efetivamente personalizada. Por exemplo, a aproximação de um cliente, com a idade e o perfil de gênero corretos, de determinado corredor em uma loja pode ser um excelente gancho para o envio de ofertas de desconto customizadas. Variáveis ambientais, como a meteorologia, também podem ser gatilhos contextuais: quando faz calor, por exemplo, pode ser o melhor momento para promover bebidas geladas (ver Figura 10.1).

Para que a estratégia dê certo, o profissional de marketing precisa se valer de um aparelho que esteja sempre em poder do cliente como indicador de sua localização. Uma das alternativas é o smartphone. Os smartphones se tornaram um dispositivo extremamente pessoal, que o consumidor sempre carrega consigo. São aparelhos que, para muitos, substituem a carteira, a chave e a câmera. O mais importante

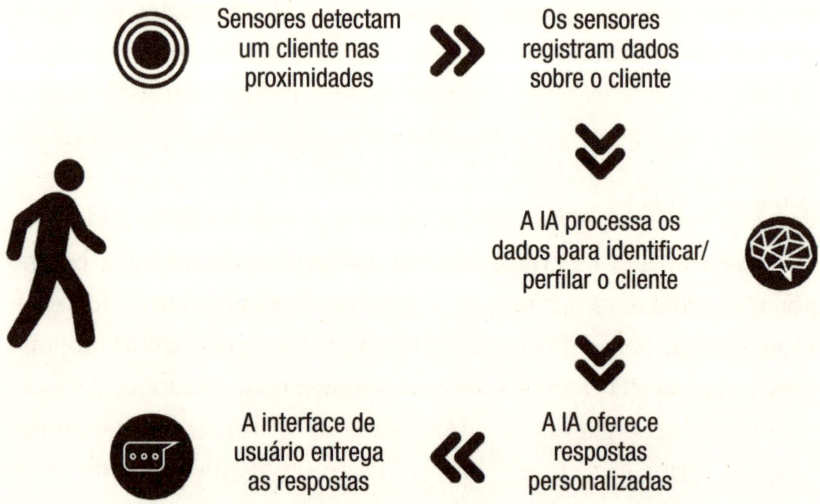

Figura 10.1 O mecanismo do marketing contextual

é que os smartphones são cheios de sensores e estão sempre conectados, seja via Bluetooth, seja via rede móvel. Dessa forma, os telefones celulares podem se conectar e se comunicar com os sensores.

Quando um cliente com o aplicativo de celular correto está nos arredores, um *beacon* ou um sensor de proximidade entra em contato com ele. Digamos, por exemplo, que o cliente tenha instalado o aplicativo daquela loja e feito o login com seus dados pessoais. A proximidade do celular aciona o gatilho e o *beacon* pode enviar uma mensagem customizada como uma notificação do aplicativo.

Imagine se *beacons* forem instalados em todos os corredores de lojas de varejo, parques temáticos, shoppings, hotéis, cassinos ou qualquer outro estabelecimento físico. As empresas poderiam utilizar os celulares dos clientes como ferramentas de navegação, oferecendo informações e promoções à medida que o cliente caminha pelo espaço físico. Isso cria uma jornada altamente contextual para o cliente. Macy's, Target, CVS e outras grandes redes de varejo estão usando a tecnologia dos *beacons* para esse fim específico.

O papel dos smartphones pode ser substituído por dispositivos vestíveis – e, no futuro, até implantáveis. Os fabricantes de smartphones vêm oferecendo de forma agressiva *smartwatches* (relógios de pulso inteligentes), fones de ouvido e bandas elásticas de fitness com potencial de se tornarem dispositivos ainda mais pessoais. Embora ainda não sejam tão populares quando os smartphones, alguns desses aparelhos vestíveis são promissores, pois também podem armazenar informações de saúde e de micromovimentos. A Disney e a Clínica Mayo, por exemplo, usam pulseiras de identificação por radiofrequência (RFID, do inglês *radio-frequency identification*) para analisar a localização e os movimentos dos consumidores.

O uso da biometria como gatilho de ações personalizadas

Outro gatilho contextual popular é o próprio cliente. Independentemente de qualquer dispositivo pessoal, ele pode desencadear ações com base na localização bastando apenas mostrar o rosto. O reconhecimento facial, uma tecnologia crescente, permite que as empresas não apenas estimem os perfis demográficos, mas também identifiquem indivíduos depois de registrados na base de dados. Isso permite que o marketing entregue a resposta contextual certa para a pessoa certa.

De forma semelhante à Walgreens e suas geladeiras inteligentes, a Tesco começou a instalar tecnologia de detecção facial em seus postos de gasolina no Reino Unido. Uma câmera captura o rosto do motorista e um motor de inteligência artificial avalia sua idade e seu gênero. Então, enquanto espera o tanque encher, o motorista recebe anúncios voltados especificamente para seu perfil demográfico.

A Bestore, rede de lanchonetes chinesa, usa a base de dados de reconhecimento facial da Alibaba para escanear e identificar aqueles que derem sua autorização. A tecnologia permite que os atendentes das lojas verifiquem de qual lanche o cliente gosta – com base nos dados da Alibaba – no instante em que entra na lanchonete. Assim, o atendente pode oferecer o produto certo a cada comprador. E o reconhecimento facial se mostra útil não apenas na identificação do cliente. A rede varejista também usa o sistema de pagamento por reconhecimento facial "Sorria para Pagar", da Alipay, nos caixas das lanchonetes.

A tecnologia de reconhecimento facial também já é capaz de detectar sentimentos humanos. Os algoritmos de inteligência artificial podem deduzir emoções por meio da análise das expressões faciais humanas em fotografias e vídeos, gravados ou ao vivo. Essa habilidade é útil para que os profissionais de marketing entendam como os consumidores reagem a seus produtos e campanhas sem a presença de um observador humano.

Assim, a detecção de emoções é usada na concepção de produtos e na testagem de anúncios por meio de entrevistas on-line e grupos focais. Pede-se aos respondentes que compartilhem o acesso a suas webcams e que observem uma foto ou assistam a um vídeo. Suas reações faciais são, então, analisadas. A Kellogg's, por exemplo, usou a análise de expressões faciais da Affectiva para criar anúncios para o cereal Crunchy Nut. A empresa rastreou o grau de interesse e o engajamento do espectador enquanto assistia aos anúncios, tanto na primeira visualização quanto em repetições.

A Disney fez experiências com detecção de emoções instalando câmeras nos cinemas que exibiam seus filmes. Rastreando milhões de expressões faciais ao longo do filme, a Disney consegue descobrir quantos espectadores gostaram de cada cena. Isso é útil para aprimorar a produção dos filmes em projetos futuros.

Graças a essa análise em tempo real, a mesma tecnologia pode ser utilizada para fornecer conteúdo responsivo adaptado às reações do público. A utilização mais óbvia serão os anúncios dinâmicos em painéis *out-of-home* (OOH). No Reino Unido, a Ocean Outdoor, uma empresa de publicidade especializada em anúncios em áreas externas, instalou painéis com câmeras que detectam o estado de espírito, a idade e o gênero do observador para entregar anúncios personalizados.

Outro exemplo de uso em desenvolvimento é para os motoristas.

Algumas montadoras começaram a testar tecnologias de reconhecimento facial para aperfeiçoar a experiência. Ao reconhecer o rosto do proprietário, o carro pode automaticamente abrir a porta, dar a partida e até tocar a *playlist* favorita do dono. E, quando essa tecnologia detecta cansaço no rosto do motorista, pode recomendar que ele descanse um pouco.

Uma tecnologia correlata é um sensor rastreador ocular. Com essa tecnologia as empresas podem descobrir onde o usuário foca sua atenção com base no movimento ocular ao assistir, por exemplo, a um anúncio ou um vídeo. O profissional de marketing pode, na prática, criar um mapa de calor para saber em que áreas específicas o anúncio gera mais animação e engajamento. A Palace Resorts utilizou rastreamento ocular em sua campanha de marketing. A empresa de hotelaria criou um microsite no qual o internauta pode responder a um questionário em forma de vídeo, dando autorização para o uso de tecnologia de rastreamento ocular por meio de webcams. Pede-se ao internauta que escolha, a partir de alguns vídeos, uma combinação de diferentes opções de lazer. Com base na direção do olhar, o site recomenda o resort da empresa que mais combina com os interesses do internauta.

A voz é outra forma de reconhecer o ser humano e desencadear ações contextuais. A IA consegue analisar as propriedades da fala – velocidade, pausas e entonações – e descobrir emoções embutidas. A Humana, empresa de seguro-saúde, usa a análise de voz da Cogito em seu telemarketing para intuir as emoções do usuário e recomendar uma técnica conversacional ao atendente. Quando o usuário parece irritado, por exemplo, o motor de inteligência artificial envia um alerta ao atendente para que mude sua abordagem. Na prática, ele vai treinando em tempo real os atendentes para criarem uma conexão melhor com o usuário.

A British Airways também está fazendo experiências com a compreensão do estado de espírito dos passageiros a bordo de suas aeronaves. Lançou o "cobertor de felicidade", que muda de cor conforme o estado de espírito do passageiro. O cobertor vem com uma testeira que monitora as ondas cerebrais e determina se o passageiro está tenso ou relaxado. Essa experiência ajudou a companhia aérea a compreender alterações de humor durante a jornada do cliente: ao assistir ao entretenimento do voo, na hora das refeições ou na hora de dormir. O mais importante é que a tecnologia permite que os comissários de bordo identifiquem rapidamente os passageiros que estão insatisfeitos e possam lhes propiciar mais conforto.

A detecção do humor a partir das expressões faciais, dos movimentos oculares, da voz e dos sinais cerebrais ainda não é corrente nas aplicações de marketing. Mas vai ser a chave para o futuro do marketing contextual. Ela é crucial para a compreensão do estado de espírito do cliente, além do perfil demográfico básico.

Como criar um canal direto à casa do cliente

A internet das coisas (IoT) também entra na casa do cliente. Tudo – do sistema de segurança ao entretenimento caseiro, passando pelos eletrodomésticos – está conectado à internet. O advento da casa inteligente propicia um canal para que o profissional de marketing promova produtos e serviços diretamente onde o cliente mora. Isso ajuda o marketing a se aproximar ainda mais do local do consumo.

Um dos canais crescentes para o marketing na casa do cliente são alto-falantes inteligentes, como o Amazon Echo, o Google Nest e o Apple HomePod. Cada um deles é turbinado por assistentes de voz inteligentes: Alexa, Google Assistant e Siri. Esses alto-falantes inteligentes atuam, na prática, como motores de busca acionados por voz aos quais o cliente faz perguntas em busca de informação. Como os motores de busca, eles vão se tornando mais inteligentes à medida que aprendem mais sobre os hábitos e comportamentos de seus proprietários, depois de inúmeros questionamentos. Por isso têm potencial para se tornarem um poderoso canal de marketing contextual.

O marketing nesses sistemas de alto-falantes inteligentes ainda encontra-se nos estágios iniciais, uma vez que a publicidade direta ainda não está disponível em nenhuma dessas plataformas. No entanto, há várias maneiras de contornar essa limitação. Por exemplo, o Amazon Echo permite que o usuário ensine novas habilidades à Alexa, tornando-a mais útil. Empresas como a P&G e a Campbell's vêm disponibilizando habilidades relacionadas a seus produtos. Para a marca Tide, a P&G criou uma habilidade da Alexa que responde centenas de perguntas sobre roupa lavada. A Campbell's lançou uma que responde a pedidos de receitas culinárias. À medida que o cliente faz essas perguntas e obtém respostas, as marcas ganham maior reconhecimento e mais intenções de compra.

A maioria dos eletrodomésticos inteligentes também possui uma tela com espaço para promoções. A Family Hub, da Samsung – uma geladeira com tela *touchscreen* – permite que o consumidor elabore a lista de compras e encomende-as diretamente pelo aplicativo Instacart. A geladeira inteligente também permite que o consumidor peça um Uber ou encomende comida pelo GrubHub. O ecossistema do dispositivo inteligente possibilita a presença imediata do marketing com os produtos e serviços certos no instante em que o consumidor mais precisa deles.

Um uso ainda mais avançado dos dispositivos conectados é a impressão 3D. Essa tecnologia ainda está engatinhando, por ser considerada cara e complicada. Mas as empresas estão estudando maneiras de trazê-la para o uso corrente. A Hershey e a 3D Systems lançaram a CocoJet, uma impressora de chocolate 3D, em 2014. Com a CocoJet, o consumidor pode imprimir chocolates em vários formatos e colocar mensagens personalizadas nas barras de chocolate. Esse tipo de tecnologia aproxima o ponto de produção do ponto de consumo.

Embora seja mais popular no B2C (*business-to-customer*), o marketing contextual é muito mais aplicável a situações B2B (*business-to-business*). Como as empresas B2B nem sempre têm lojas de varejo, os sensores de IoT são instalados em seus produtos nas dependências do cliente. Fabricantes de equipamento pesado, por exemplo, podem instalar sensores no maquinário que vendem para monitorar o desempenho. As empresas podem, então, proporcionar os dados contextuais aos clientes, para que eles realizem manutenção preventiva regular, acabando por fazer economia.

Como entregar três níveis de experiência personalizada

A customização e a personalização, no mundo digital, são diretas. O profissional de marketing usa a informação digital sobre o cliente para entregar conteúdo dinâmico que se encaixa no seu perfil. Antes, no espaço físico, a customização e a personalização dependiam fortemente do toque humano. Com a infraestrutura de IoT e de IA implantadas, as empresas podem usar essa competência digital para realizar ações de marketing sob medida no mundo físico com muito pouca intervenção humana.

O marketing sob medida pode ser entregue em três níveis diferentes. O primeiro é o marketing informativo. Nesse nível o profissional de marketing proporciona a oferta exata: mensagens de comunicação de marketing, escolha de produtos ou promoções de preços. O segundo nível é o marketing interativo, em que o profissional de marketing cria um canal de comunicação de mão dupla e interage de forma inteligente com o cliente. O nível final é o marketing imersivo, em que o profissional de marketing obtém o engajamento de forma profunda em experiências sensoriais.

Nível 1: informação personalizada

O marketing com base na localização, em sua aplicação mais restrita, é o tipo mais comum de marketing informativo. Ele tira proveito de um dos metadados mais preciosos: a geolocalização. Os dados são, em geral, capturados pelo sistema de posicionamento global (GPS) do smartphone do cliente. Em locais cobertos, os dados de geolocalização podem ser aprimorados pelo uso de sensores de proximidade ou *beacons*.

De posse dos dados, o profissional de marketing geralmente pratica o chamado marketing de "geocerca" ou *geofencing*, que é a criação de um perímetro virtual em torno de determinado ponto de interesse (como uma loja de varejo, um aeroporto, um escritório ou uma escola) e a transmissão de mensagens direcionadas ao público dentro desse perímetro. Todas as grandes plataformas de publicidade nas redes sociais, como Facebook e Google, disponibilizam geocercas. Isso quer dizer que as campanhas podem ser isoladas dentro de uma área específica.

As empresas podem usar a geocerca para direcionar tráfego para suas lojas, a partir de locais próximos ou locais de concorrentes, com ofertas promocionais. Empresas como Sephora, Burger King e Whole Foods fazem uso do marketing com base na localização. O Burger King, por exemplo, criou uma geocerca em volta de mais de 14 mil endereços do McDonald's, assim como de mais de 7 mil endereços próprios nos Estados Unidos, na campanha batizada de Whopper Detour. Os usuários do aplicativo de celular do Burger King podiam pedir um Whopper por US$ 0,01, mas só se estivessem perto de uma loja do McDonald's. Feito o pedido, o usuário era instruído a ir do McDonald's para o Burger King mais próximo para pegar seu Whopper.

Nível 2: interação customizada

O marketing contextual, em seu formato interativo, é multicamadas. O cliente não recebe uma ligação direta para comprar uma oferta com base na localização. Em vez disso, ele recebe uma oportunidade de responder a uma mensagem que recebe com base em sua localização; conforme a resposta, a empresa envia outra mensagem, criando, na prática, um diálogo. Com essa abordagem, a empresa estimula o cliente a passar à etapa seguinte de sua jornada, da assimilação à ação, ao lhe proporcionar o incentivo certo ou a oferta certa. A vantagem desse método é que o incentivo é maior para que o cliente, tendo passado por várias interações, em uma jornada mais abrangente, compre o produto.

Para tornar o marketing contextual mais interativo, a empresa pode utilizar os princípios da gamificação. O Shopkick, um app de recompensa por consumo, coopera com a American Eagle e diversos outros varejistas para incentivar os compradores a avançar no caminho até a aquisição. O app estimula o cliente a cada passo do caminho. O comprador recebe recompensas quando entra na loja e quando escaneia um código de barras para se inteirar mais sobre o produto ou para experimentar uma roupa em um provador.

Vejamos outro exemplo da Sephora. A empresa torna o marketing contextual mais interativo dando consultoria dentro da loja e permitindo que o cliente saiba mais sobre a oferta com base na localização. O processo começa quando o cliente experimenta o Sephora Virtual Artist - uma ferramenta de realidade aumentada que lhe permite saber como a maquiagem vai ficar no rosto, disponível tanto on-line quanto em um quiosque nas lojas. Ao se aproximar de uma loja, o cliente recebe uma mensagem lembrando-o de fazer uma visita e marcar uma consulta na loja física, aumentando a probabilidade de que venha a adquirir os produtos.

Nível 3: imersão total

O nível final da personalização é quando o profissional de marketing pode propiciar uma imersão total no espaço físico com a ajuda de sensores e outras tecnologias, como a realidade aumentada (RA) ou a robótica. A ideia é cercar o consumidor com a experiência digital no momento em que ele se encontra na loja física.

Grandes varejistas de descontos usam, por exemplo, dados de geolocalização e realidade aumentada para proporcionar uma navegação imersiva dentro da loja. Vejamos o exemplo do app da Lowe para celular. O cliente pode elaborar uma lista de compras no app. Feito isso, ele pode ativar a funcionalidade de realidade aumentada. Na tela aparece um caminho de cor amarela no chão à sua frente. É o caminho que leva o cliente até os itens da lista no menor percurso possível.

Marcas de moda, como a Ralph Lauren, estão usando um "provador inteligente" para oferecer uma experiência digital imersiva no mundo físico. O cliente pode levar a roupa que quiser ao provador e interagir com um espelho digital. Graças à tecnologia RFID, todas as peças levadas ao provador são exibidas instantaneamente na tela. O cliente pode escolher entre diferentes cores e tamanhos, e atendentes da loja levam os itens ao provador, recomendando estilos específicos.

O objetivo do marketing contextual e imersivo é acabar com a fronteira entre os mundos físico e digital de modo que o cliente tenha a sensação de uma experiência onicanal sem descontinuidade. Assim, podemos combinar o poder de personalização da tecnologia digital com a natureza experiencial das lojas físicas.

Resumo: Como criar uma experiência personalizada de percepção-e-resposta

A IoT e a IA são uma poderosa parceria com o objetivo de criar uma experiência de marketing contextual no mundo de carne e osso. O marketing dinâmico com base nos dados do consumidor é nativo nas mídias digitais. O profissional de marketing digital pode elaborar facilmente ofertas sob medida de modo automático. A aplicação do marketing contextual no espaço físico, no passado, dependia muitas vezes do talento da equipe da linha de frente para "ler" o cliente. Com a ajuda da IoT e da IA, não é preciso mais ser assim.

O elemento mais crucial para estabelecer o marketing contextual movido a IA é a criação de um ecossistema conectado de sensores e dispositivos, seja no ponto de venda, seja na casa ou no escritório do cliente. Uma vez instalada a infraestrutura, o profissional de marketing precisa apenas definir os gatilhos e as ações em resposta. Quando a pessoa certa, com o perfil certo, se aproxima dos sensores, o marketing pode aprender mais sobre ela e oferecer o produto correto com a mensagem correta. O profissional de marketing também pode interagir com aquela pessoa e até desenvolver uma experiência imersiva de cliente para ela (ver Figura 10.2).

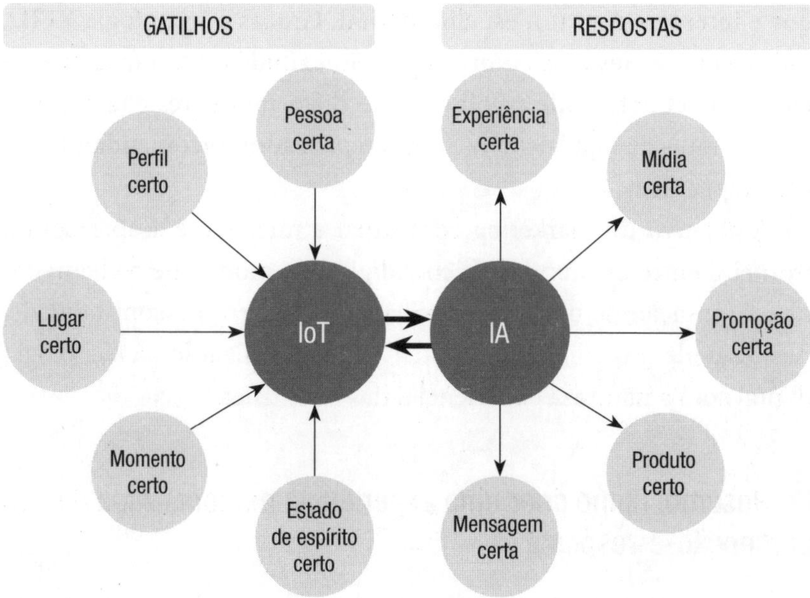

Figura 10.2 Gatilhos e respostas no marketing contextual

PERGUNTAS PARA REFLEXÃO

- Pense em como você pode alavancar as tecnologias de marketing contextual em sua organização. Que oportunidades haveria para aplicar uma combinação de IoT e IA?
- Explore maneiras de personalizar sua abordagem de marketing com base em sua compreensão real do cliente.

11 | Marketing aumentado

Como entregar interações humanas empoderadas pela tecnologia

Algumas das principais manchetes do final dos anos 1990 foram sobre as partidas de xadrez entre o computador Deep Blue, da IBM, e o grande mestre Garry Kasparov, o confronto ser humano versus máquina por excelência. Em 1997 o supercomputador acabaria se tornando a primeira máquina a derrotar o então campeão mundial em uma partida de xadrez. Embora no ano anterior Kasparov tivesse vencido a primeira disputa, a derrota se tornou o grande assunto dentro e fora do mundo do xadrez.

Muitos especialistas consideraram a vitória um sinal da inteligência superior da máquina. Deep Blue era capaz de processar 200 milhões de posições por segundo na época, muito mais rápido do que qualquer ser humano. O próprio Kasparov reconheceu seu incômodo em relação às habilidades de Deep Blue durante a partida. Era mais previsível enfrentar um adversário humano, pois era possível ler a expressão facial e a linguagem corporal.

Na esteira desse episódio, muitos jogadores de xadrez, inclusive Kasparov, se mostraram curiosos em relação à possibilidade de ampliar sua competência no jogo com um computador ao lado. Isso levou a uma forma de competição conhecida como xadrez avançado ou *freestyle*, na qual o jogador humano pode consultar a máquina antes de decidir cada lance. Um fato revolucionário se deu em 2005, quando, em um torneio com a participação de grandes mestres e supercomputadores, a vitória ficou com dois jogadores amadores, Steven Cramton e Zackary Stephen, auxiliados por três computadores comuns (Team ZackS).

No caminho até a final, vários grandes mestres, com a ajuda de computadores, derrotaram a maioria dos supercomputadores adversários. A única exceção foi o Team ZackS, que também derrotou alguns supercomputadores ao longo do caminho. Na final, o Team ZackS venceu uma equipe de grandes mestres e seus auxiliares computadores. Os enxadristas amadores haviam ensinado suas máquinas melhor do que qualquer grande mestre ou qualquer computador autodidata.

Essa história é contada com frequência como prova de que a colaboração ser humano-máquina é sempre superior a um especialista humano ou uma máquina poderosa. A chave seria encontrar a melhor simbiose entre os dois. Os supercomputadores atuais nem de longe são capazes de replicar a sutileza refinada da inteligência humana, e a concretização do sonho da inteligência artificial geral (IAG) ainda está longe de acontecer (ver Capítulo 6). Mas os computadores têm se mostrado excelentes como substitutos do ser humano em funções específicas. Em vez de construir máquinas capazes de fazer tudo, os especialistas em tecnologia focam no desenvolvimento de inúmeras aplicações de inteligência artificial mais restritas nas quais o desempenho da máquina é superior ao do ser humano.

Saber exatamente o que e como ensinar aos computadores permitirá a seus treinadores humanos alcançar seu potencial pleno. Essa premissa leva a um movimento de desenvolvimento tecnológico conhecido como Amplificação da Inteligência (AI). O inverso da inteligência artificial (IA), cujo objetivo é replicar a inteligência humana, a amplificação da inteligência busca aumentar a inteligência humana com o uso da tecnologia. Na AI, o ser humano continua a ser quem toma as decisões, só que com o apoio de uma robusta análise computacional.

No marketing, o uso da AI faz todo o sentido em áreas nas quais o ser humano ainda é dominante e o computador só pode atuar como sistema de apoio. Portanto, o marketing aumentado se concentra em atividades de marketing que envolvem fortemente interfaces humanas, como vendas e assistência técnica. Nessas funções que fazem intenso uso dos recursos humanos, o papel da tecnologia é aumentar a produtividade, assumindo tarefas de baixo valor e ajudando as pessoas a tomarem decisões mais inteligentes.

Como criar interfaces de cliente em camadas

Uma interface de cliente – o modo por meio do qual o consumidor se comunica com a empresa – é parte importante da experiência do cliente. Em setores como hotelaria, saúde, serviços e até tecnologia, algumas interfaces de cliente ainda são assumidas pelo ser humano. Recepcionistas, enfermeiros, consultores e gerentes de grandes contas são ativos cruciais em seus setores e as máquinas não são páreo para a competência deles na entrega da experiência ideal. Mas recrutar essas pessoas e desenvolver suas competências até que atinjam o desempenho ideal demora anos. Trata-se de uma circunstância que dificulta ganhos de escala para as empresas, criando, na prática, uma limitação ao crescimento.

O marketing aumentado propicia uma solução para esse problema. Interfaces digitais proporcionam maneiras alternativas e novas de o cliente interagir com as marcas e as empresas. A Gartner estima que, até 2022, 72% das interações de clientes vão envolver tecnologias emergentes, como IA, *chatbots* e mensagens de celular. Embora uma interface digital não possa substituir por completo a interação pessoa a pessoa, pode fazer os escassos recursos humanos funcionarem de forma mais rápida e mais inteligente.

A ascensão das gerações Y e Z vai alimentar ainda mais essa necessidade de marketing aumentado (ver Capítulo 2). São duas gerações que enxergam a internet como uma parte indispensável de suas vidas e a tecnologia como uma extensão de si mesmas. Na verdade, elas não veem fronteira entre os mundos físico e digital, considerando o mundo "figital". A necessidade de entregas rápidas e sob demanda abrirá caminho para as interfaces digitais.

O marketing aumentado começa com uma definição clara de como as tecnologias podem adicionar valor à operação na linha de frente. Um modo de aumentar a produtividade é criar um sistema de interfaces por camadas. Misturar as interfaces digital e humana em uma pirâmide estruturada permite que a empresa obtenha ganhos de escala. Assim ela pode liberar recursos humanos para lidar com tarefas mais relevantes.

Interfaces de vendas por camadas

No processo de vendas, o tipo mais comum de divisão da interface do cliente por camadas se baseia no ciclo de vida do cliente ao longo do funil de vendas. As empresas B2B podem capturar e reter *leads* precoces por meio de uma interface digital, ao mesmo tempo que vão atrás de *leads* qualificados e *prospects* cobiçados com uma equipe de vendas. Usando esse método, as empresas ampliam seu alcance na geração de *leads*. Em paralelo, podem direcionar os esforços da equipe de vendas para o fechamento de negócios. É o sistema ideal, já que o passo final no funil de vendas costuma exigir forte competência em comunicação e negociação.

Os varejistas também podem tirar proveito das interfaces de vendas em camadas com a presença onicanal. Os canais digitais são usados para aumentar a assimilação, gerar atração e incentivar a experimentação. O cliente pode navegar por um catálogo de produtos no site, ou app de celular, e escolher o que deseja. Empresas como a Sephora e a IKEA usam a realidade aumentada (RA) para permitir que compradores em potencial "experimentem" o produto digitalmente. Dessa forma, quando o cliente chega à loja física, seu interesse já é maior e fica mais fácil para o atendente fechar a venda.

A divisão do trabalho entre ser humano e máquina no processo de vendas se baseia na especialização das atividades ao longo do funil. Esse modelo híbrido utiliza diversos canais de vendas, daqueles com o custo mais baixo até os mais caros. Cada canal desempenha um papel específico, levando o *prospect* do topo até a base de funil (ver Figura 11.1).

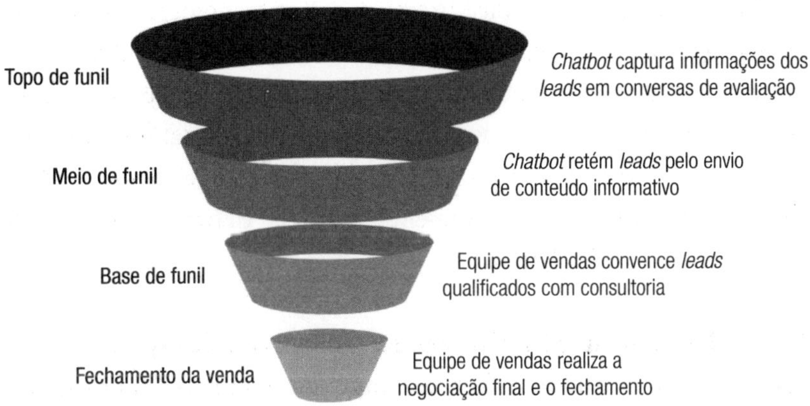

Figura 11.1 Exemplo de marketing aumentado na interface de vendas em camadas

Várias etapas são necessárias na elaboração da interface em camadas que cria a melhor simbiose entre as pessoas e os computadores:

1. Definir as etapas do processo de venda.

Um processo de venda típico é como um funil, ou seja, a equipe de vendas converte uma base ampla de *leads* em um número mais reduzido de clientes passo a passo. A qualidade do processo de vendas se evidenciará nas taxas de conversão funil abaixo. O processo do topo de funil (ToFu) inclui aumento da assimilação, geração de *leads*, qualificação de *leads* e captura de dados dos *leads*. O meio de funil (Me-

Fu) envolve, em geral, a retenção dos *leads*, para que eles se tornem *prospects* de qualidade. Por fim, o processo da base de funil (BaFu) inclui encontrar-se com os *leads*, convencê-los com a negociação e realizar o fechamento da venda.

2. Elaborar uma lista de possíveis interfaces de vendas.
No passado o processo de vendas dependia muito de feiras, congressos e e-mails de marketing para aumentar a assimilação e gerar *leads*. Para reter esses *leads* e fechar com eles, as empresas recorriam a televendas e à equipe de vendas diretas. Com as tecnologias avançadas, surgem muitas interfaces alternativas. Hoje o marketing digital tem um alcance amplo o suficiente para uma campanha de divulgação. As empresas podem fazer uso de vários canais alternativos para cuidar dos *leads*, como sites self-service, apps para celular com realidade aumentada, *chatbots* com inteligência artificial e chats ao vivo – tudo isso a um custo mais baixo.

3. Escolher a melhor interface para cada atividade no funil.
Para determinar que interface desempenha qual papel no processo, não se pode pensar apenas no custo. A empresa tem que equilibrar eficiência e eficácia. Dependendo do perfil dos *leads*, o profissional de marketing pode optar entre canais off-line, como feiras e congressos, e canais de marketing digital, como redes sociais. A mesma lógica se aplica aos processos do meio e da base de funil. A força de vendas, embora seja o canal mais eficaz, também é o mais caro. Por isso a maioria das empresas reserva o precioso tempo dela especificamente para a base de funil. Para o meio de funil, um *chatbot* com inteligência artificial pode assumir o papel das televendas.

Interfaces de assistência ao cliente em camadas

No processo de assistência ao cliente – em outras palavras, no tratamento dos clientes existentes – a base mais comum da divisão em camadas é o valor vitalício do cliente (CLV) ou o status da fidelidade do cliente.

O CLV é uma projeção da receita líquida gerada por cada cliente com base no tempo estimado de relacionamento. Clientes com CLV ou status baixo só terão acesso à interface digital, daí o baixo custo de serviço. Em compensação, clientes com CLV alto terão o privilégio de interagir com atendentes humanos, de alto custo. A divisão da qualidade da assistência em camadas incentiva o cliente a progredir, fazendo uma compra de valor mais alto ou fidelizando-se a marcas específicas.

A riqueza de informações disponível na internet faz as pessoas buscarem por conta própria a solução quando se deparam com um problema em um produto ou serviço. A maioria das empresas facilita essa tendência ao self-service proporcionando recursos on-line que podem ser pesquisados pelo cliente. Muitas também lançam fóruns ou comunidades de assistência, nos quais os consumidores podem fazer perguntas uns aos outros sobre seus problemas. Nessa aplicação de tecnologias sociais, os voluntários que mais ajudam são premiados com *badges* de gamificação. Essa prática, já adotada há muito tempo pelas empresas de tecnologia, vem sendo seguida por outros setores. Com uma base de conhecimento robusta e fóruns de assistência, as empresas podem antecipar os problemas dos clientes, ao passo que estes podem evitar o incômodo desnecessário de entrar em contato com o serviço de assistência.

As bases de conhecimento dos recursos e fóruns on-line compõem um big data estruturado com que as empresas podem alimentar seus algoritmos de aprendizado de máquina. Em vez de buscar respostas em páginas ou comunidades de suporte, o cliente pode simplesmente pedir uma solução à inteligência artificial. A interface automatizada de assistência ao cliente pode ser um *chatbot* ou um assistente virtual. Isso proporciona ao cliente não apenas conveniência, mas rapidez na solução desejada. Da mesma forma, as transcrições e os casos dos chats e do telemarketing podem ser transferidos para o motor de inteligência artificial, oferecendo opções sem estresse para o cliente obter respostas às perguntas mais frequentes.

As empresas precisam seguir diversos passos para desenvolver um serviço de assistência em camadas com uma simbiose sólida entre ser humano e máquina:

1. Criar uma base de conhecimento de perguntas mais frequentes. As empresas aprendem, pelo histórico, que a maioria das perguntas dos clientes é básica e repetitiva. Usar representantes de assistência ao cliente para responder essas perguntas é ineficiente. Por isso a primeira coisa que uma empresa deve fazer é compilar essas perguntas em uma biblioteca de informações de fácil acesso. Boas estruturação e categorização ajudarão o cliente a navegar por essa base de conhecimento. A empresa deve usar *storyboards* com casos concretos de usuários – situações reais e cenários vivenciados pelos clientes. Além disso, uma boa base de conhecimento deve oferecer uma função de busca. Por fim, deve ser atualizada continuamente com informações novas.

2. Definir o modelo de divisão dos clientes em camadas. Com a análise de dados, as empresas podem avaliar rapidamente um enorme volume de transações, criando um histórico individual do cliente. A empresa só precisa definir um conjunto de critérios para avaliar quanto aquele cliente vale para ela. De modo geral, essa divisão em camadas inclui tanto métricas financeiras (receita, lucratividade) quanto não financeiras (percentual da carteira, duração do relacionamento, importância estratégica). Com base nesses critérios, a empresa pode agrupar os clientes por níveis. Essa divisão tem que ser dinâmica: é preciso haver um mecanismo para que o consumidor possa subir ou descer. Quando a divisão estiver bem definida, ficará fácil determinar os orçamentos de custo de serviço para cada camada. Esses orçamentos vão determinar as opções de assistência disponíveis para cada cliente.

3. Criar opções de assistência ao cliente multicamadas.

As empresas podem tirar proveito da base de conhecimento em diversos canais de assistência ao cliente. O primeiro é criar uma opção self-service publicando no site essa base de conhecimento. Quando a base de conhecimento tem um fluxo de *storyboards*, pode ser transferida com facilidade para plataformas de *chatbots* e assistentes virtuais (por exemplo, habilidades da Alexa). Quando o cliente não obtém a resposta que deseja por meio dessas interfaces automatizadas, é preciso que a empresa disponibilize uma opção de passagem à interface humana. Fóruns e comunidades são excelentes formas de empoderar o cliente. No fim, porém, é preciso que representantes de atendimento ao cliente estejam disponíveis para dar respostas quando ninguém mais puder, seja por e-mail, chat ao vivo ou telefone. A empresa não deve oferecer todas essas opções a todos. Os clientes das camadas inferiores em geral terão acesso às opções self-service (recursos on-line e fóruns), ao passo que os clientes das camadas superiores terão todos os tipos de acesso, conforme suas preferências (ver Figura 11.2).

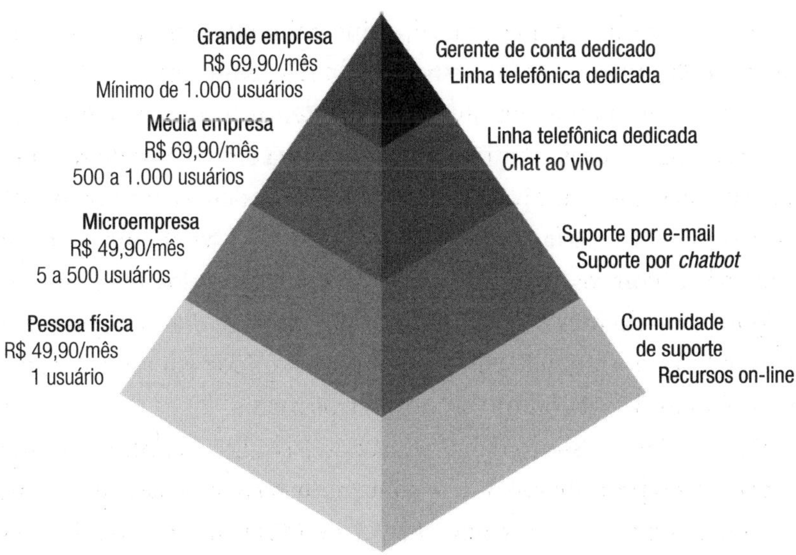

Figura 11.2 Exemplo de marketing aumentado na interface de assistência ao cliente em camadas

Ferramentas digitais para a linha de frente

O marketing aumentado não é só uma questão de divisão do trabalho. As ferramentas digitais empoderam o funcionário da linha de frente, aquele que interage diretamente com o cliente. Hoje, apesar de todo o alarde em torno do e-commerce e das compras on-line, a maioria das vendas do varejo ainda acontece nas lojas físicas. A maioria dos consumidores ainda faz *webrooming* – pesquisa on-line e compra off-line. Portanto, quando o cliente bem informado, que passou horas pesquisando produtos, enfim chega à loja, ele espera um pessoal igualmente bem informado na linha de frente para interagir com ele.

Tendência semelhante também acontece no setor de serviços. O consumidor se habituou a ler resenhas para obter uma análise mais aprofundada antes de optar por um hotel, uma empresa de serviços ou uma instituição educacional. Esse consumidor mais inteligente tem expectativas elevadas, o que torna ainda mais desafiadora a tarefa do funcionário na linha de frente.

Essa equipe tem papel crucial, principalmente em ambientes de contato constante como os setores do varejo e de serviços. Mesmo em setores nos quais o contato é menos intenso, a equipe da linha de frente é, muitas vezes, a última linha de defesa em termos de recuperação de serviços. Em diversas situações eles podem se tornar a fonte de diferenciação e a face visível de uma marca. É vital empoderar o funcionário com os conhecimentos certos adquiridos pela empresa sobre seus clientes. O funcionário que interage com o cliente é o meio mais importante de educação do consumidor em relação àquilo que é mais difícil comunicar por outros meios.

Munida desse tesouro de informações, a equipe da linha de frente se torna mais produtiva. Pode se concentrar na conversão de vendas, no *cross-selling* e no *up-selling* em vez de tentar fazer adivinhações sobre o cliente. O histórico de transações e as recomendações de produtos geradas por inteligência artificial estão entre as informações que ajudarão o funcionário a saber o que oferecer ao cliente. Conseguir antecipar a necessidade do cliente é fundamental no trabalho da linha de frente. Tão importante quanto isso é poder propiciar interações personalizadas, construindo relacionamentos como se o cliente fosse um conhecido de longa data.

As ferramentas digitais nas lojas físicas também ajudam a reduzir o atrito nas empresas que buscam propiciar uma experiência onicanal. Vejamos o exemplo do Guia de Maquiagem Digital da Sephora. A cliente pode marcar uma hora com um(a) maquiador(a). Uma vez na loja, ela pode acessar o catálogo on-line para obter inspiração para sua "transformação". Então o profissional usa um pequeno scanner, chamado Color IQ, para capturar a cor da pele e determinar a tonalidade ideal para a cliente. Munido das informações do catálogo e do Color IQ, o maquiador pode buscar produtos que se encaixam no perfil da cliente. Concluída a maquiagem, pode mandar para o e-mail dela a lista de etapas e produtos utilizados – o que ajuda a compra a se repetir.

As empresas precisam montar não apenas uma interface digital para o cliente, mas uma equivalente para seus funcionários. A entrega de informações ao cliente pode ser feita tanto por dispositivos móveis quanto por vestíveis. Os hotéis, por exemplo, podem disponibilizar ao hóspede serviço de quarto por meio de tablets ou do celular e esses pedidos podem chegar à recepção, à cozinha ou à limpeza diretamente ou via um *chatbot* conectado. Isso acelera o atendimento, criando assim uma experiência do cliente superior.

São vários os passos que as empresas devem adotar para fornecer as ferramentas digitais adequadas de apoio à equipe na linha de frente:

1. Compreender os pontos de frustração do funcionário.
O maior erro que as empresas cometem na implementação de ferramentas digitais na operação da linha de frente é focar na tecnologia e não na razão para adotá-la. Compreender a experiência do

funcionário (EX, do inglês *employee experience*) é tão fundamental quanto compreender a experiência do cliente (CX). Portanto, o passo inicial é mapear a jornada da experiência do funcionário como informação que complementa o mapa da experiência do cliente. O trabalho na linha de frente é ao mesmo tempo pesado e estressante. Mas também gera muitas ideias. As empresas precisam ouvir o funcionário que lida com o cliente e registrar suas frustrações. Tanto quanto o cliente, o funcionário se frustra com ineficiências – atividades que lhe tomam tempo demais – e com possíveis problemas de assistência – incapacidade de propiciar ao cliente o que ele quer, o que gera reclamações.

2. Identificar como a tecnologia pode ser a solução.
Identificados os pontos de frustração, a empresa tem que encontrar soluções tecnológicas que funcionem. Na maior parte do tempo, as empresas focam em soluções que possam ser integradas ao sistema de tecnologia da informação como um todo. Mas o segredo para a escolha correta é envolver os funcionários no processo. É preciso realizar testes com a ajuda deles. Isso auxilia a empresa a antecipar possíveis problemas na execução e a aumentar a adesão. Compreender como os funcionários na linha de frente empregam as tecnologias também é crucial. A empresa precisa escolher o hardware correto. Para algumas tarefas, smartphones e tablets são as ferramentas digitais padrão. Para outras, que exigem aplicações sem o uso das mãos, pode fazer mais sentido adotar tecnologias vestíveis.

3. Focar na gestão das mudanças.
Ao contrário de outros elementos do Marketing 5.0, o marketing aumentado exige uma colaboração estreita entre os funcionários na linha de frente e os responsáveis pela tecnologia. O maior desafio, principalmente para empresas com grande número de trabalhadores na linha de frente, é a resistência às mudanças. Nem todo cliente

tem afinidade com tecnologia; da mesma forma, nem todo funcionário está capacitado para o mundo digital. Não é todo mundo que se sente à vontade sendo "aumentado" pela tecnologia. O treinamento para ampliar as competências digitais é fundamental para o êxito. Mas não basta adquirir competências; é preciso adquirir mentalidade digital. O monitoramento e a correção das falhas de execução também é algo em que as empresas devem prestar atenção durante a implantação.

Resumo: Como entregar interações humanas empoderadas pela tecnologia

Uma das áreas nas quais a simbiose entre o ser humano e a máquina produz os melhores resultados é a interface com o cliente. Para os pedidos básicos e diretos, as interfaces digitais são suficientes. Mas nas interações mais consultivas o computador ainda não supera a interface de ser humano para ser humano. Por isso faz sentido uma divisão do trabalho em uma estrutura em camadas.

No processo de vendas, o topo e o meio de funil podem ser delegados à máquina, ao passo que a base deve ser tratada pela força de vendas. Na assistência ao cliente, a interface digital, self-service, é usada para atender a maioria dos clientes, enquanto representantes de suporte ao cliente ficam reservados para aqueles de maior valor. As empresas devem empregar uma inteligência artificial restrita para assegurar a qualidade das interações digitais.

O marketing aumentado também empodera o funcionário da linha de frente com as tecnologias digitais. O consumidor mais inteligente e que sempre está conectado deve ser direcionado a funcionários capacitados. Disponibilizar ideias baseadas em dados no ponto de interação permite que o funcionário adeque sua abordagem a cada consumidor específico. Uma interface de mão dupla entre o cliente e o funcionário também reduz atritos, aprimorando a experiência final do consumidor.

PERGUNTAS PARA REFLEXÃO

- Explore as áreas nas quais você pode melhorar a produtividade das equipes de vendas na linha de frente e de assistência ao cliente. Quais tarefas podem ser assumidas por um sistema informatizado?
- Como você pode empoderar a equipe da linha de frente na tomada de decisões melhores? Por exemplo, como sua equipe de vendas pode usar dados de seleção de mercados-alvo para aumentar a taxa de conversão de vendas?

12 O marketing ágil

Como executar operações maiores e mais rápidas

A Zara é uma das marcas de *fast-fashion* mais bem-sucedidas da última década. Ao contrário das empresas tradicionais do setor, que se baseiam em tendências da estação mais prolongadas, a Inditex – proprietária da marca Zara – aposta em ciclos de moda mais rápidos, com mais de 10 mil designs diferentes por ano. A Inditex consegue levar as últimas tendências das passarelas às vitrines em questão de semanas. Por trás dessa velocidade extraordinária está a agilidade no design e na cadeia de abastecimento.

A empresa monitora as tendências que as celebridades estão usando e os desfiles de moda por todo o mundo. Também analisa as vendas de cada unidade de controle de estoque (SKU, do inglês *stock keeping unit*) para verificar em tempo real os itens que têm maior demanda, usando rastreamento de identificação por radiofrequência (RFID). Essas informações do mercado orientam equipes descentralizadas de designers sobre os itens a serem criados. O levantamento é feito ao mesmo tempo que o processo de design, o que acelera a produção. Os produtos da Zara também são feitos em lotes pequenos, garantindo um giro de estoque rápido e permitindo que a marca teste a aceitação do mercado antes de se comprometer com um volume maior de produção.

Essa prática afinada com o mercado adotada pela Zara é um exemplo de marketing ágil. Análise de dados em tempo real, equipes descentralizadas que reagem com rapidez, plataformas de produtos flexíveis, processos simultâneos e experimentação constante são, todos, fundamentos de uma organização ágil. Com esse modelo, a marca mudou o jeito como as pessoas compram roupas e acessórios.

Mas o varejo de *fast-fashion* é um setor controverso. Apesar de ter muitos entusiastas, esses varejistas também recebem críticas, sobretudo pelo enorme desperdício e por práticas trabalhistas injustas. Organizações ágeis precisam ter uma percepção rápida e reagir ao sentimento do mercado. Por isso a Zara anunciou que passaria a apoiar a "economia circular" – que prega o uso contínuo de materiais por meio da reutilização e da reciclagem. A Zara também assumiu o compromisso de, até 2025, passar a fabricar todas as suas roupas com materiais sustentáveis.

O maior teste de agilidade para a Zara será como a empresa vai operar no mundo pós-pandemia. Ela costuma usar suas lojas como centrais de *fulfillment* para o e-commerce, de modo que são elas as responsáveis por separar, embalar e enviar os pedidos aos clientes. Com as lojas fechadas durante os *lockdowns* e a previsão de que 1.200 lojas seriam fechadas de forma permanente em todo o mundo, esse planejamento precisará de correções. A integração entre os negócios on-line e físicos será a chave para a marca na próxima década.

Para que serve o marketing ágil?

O setor de tecnologia é caracterizado pelo ciclo de vida curto dos produtos. Os competidores buscam ser os primeiros a chegar ao mercado, capturando o máximo de valor antes que a tecnologia se torne obsoleta. As empresas precisam monitorar e reagir às novas tendências e às mudanças no comportamento do consumidor. Novas versões dos produtos se sucedem rapidamente, já que a janela de lucratividade destes é restrita. Por isso as empresas de tecnologia são as primeiras a adotar o marketing ágil.

Neste mundo digital acelerado, muitos outros setores – vestuário, bens de consumo embalados, eletrônicos, automotivo – vêm passando, em maior ou menor medida, por um encurtamento do ciclo de vida. Nesses setores, a preferência do consumidor em relação a este ou aquele produto muda com rapidez, impulsionada pela proliferação de novas ofertas. Até a experiência do cliente tem um prazo de validade. Uma experiência que hoje é atraente se torna ultrapassada assim que os concorrentes a igualam e superam.

O ambiente digital, que nunca se desconecta, leva a essa mudança frenética nas preferências. A experiência do cliente, antes totalmente íntima, agora pode ser transmitida pelas redes sociais para o mundo inteiro, o que solapa o fator de "Uau!" a cada vez que as empresas tentam replicá-la. Sempre conectado, o consumidor exige marcas sempre conectadas, que atendam suas necessidades 24 horas por dia. Tudo é *on demand*, ou, para usar a expressão de Tom March, o novo www (*whatever, whenever, wherever*: "qualquer coisa a qualquer momento em qualquer lugar"). Por conta disso, as empresas precisam estar sempre monitorando e reagindo às tendências e às conversas do momento a um ritmo cada vez mais acelerado.

As estratégias de ida ao mercado pré-planejadas e tradicionais já não funcionam. Em uma era plena de volatilidade, incerteza, complexidade e ambiguidade (VUCA, do inglês *volatility*, *uncertainty*, *complexity* e *ambiguity*), as empresas não podem mais fazer planos de longo prazo sem ter que realizar inúmeras correções ao longo do caminho. Na verdade, a maior parte dos planejamentos de longo prazo já está desatualizada quando são atingidos os marcos temporais.

As empresas precisam acompanhar a velocidade das mudanças do consumidor e, ao mesmo tempo, ser mais rápidas do que os concorrentes. O novo nome do jogo é agilidade. Antes a estabilidade operacional era o único fator crítico para o êxito do crescimento das empresas. Embora continue a ser fundamental, hoje precisa ser complementada por equipes ágeis, que catalisem os novos motores de crescimento. O marketing ágil é a peça que falta no quebra-cabeça para as empresas implementarem o Marketing 5.0. Essa disciplina é adequada à paisagem econômica imprevisível que as empresas enfrentam.

Como implementar um marketing ágil

O marketing ágil exige um certo tipo de mentalidade que falta às empresas tradicionais. Por definição, as startups já nascem com mentalidade ágil, em razão da escassez de recursos. São empresas que precisam fazer as coisas acontecerem depressa, antes que acabe uma verba já muito curta. Grandes empresas, porém, precisam adotar o marketing ágil de outra forma. A complexidade da estrutura e a burocracia inerente às grandes organizações são os maiores inimigos do marketing ágil. As empresas precisam montar equipes separadas, garantindo a manutenção das operações estáveis e lucrativas, mas ao mesmo tempo assegurando que não vão deixar passar a próxima grande oportunidade. Por isso o processo ágil costuma ficar reservado apenas para projetos de inovação que focam em novos motores para o crescimento.

São vários os componentes-chave em uma organização com marketing ágil (ver Figura 12.1). Em primeiro lugar, as empresas precisam implantar a análise de dados em tempo real. O passo seguinte é estabelecer equipes ágeis descentralizadas, que se valem das ideias geradas pela análise de dados. Em seguida, as equipes elaboram diversas configurações de produtos ou campanhas, com base em uma plataforma flexível. Elas realizam experimentações rápidas, em processos simultâneos, da idealização à prototipagem. Ao testar cada configuração com uma análise de dados de aceitação no mundo real, determina-se quais trarão os resultados mais favoráveis. Na condução do processo ágil como um todo, as empresas precisam aderir a uma mentalidade de inovação aberta, em que tirem proveito tanto dos recursos internos quanto dos externos.

Figura 12.1 Desenvolvimento do marketing ágil

Criação de um sistema de análise de dados em tempo real

O marketing ágil tem um mecanismo de resposta rápida. A primeira coisa a ser criada, portanto, é o sistema de análise de dados. O objetivo é identificar problemas que necessitem de solução ou oportunidades de crescimento. Para esse fim, a empresa necessita de uma captura de dados dos clientes que monitore em tempo real as transformações. Ferramentas de escuta social – também conhecidas como "monitoramento de mídias sociais" – podem ser particularmente úteis no rastreamento de discussões sobre uma marca ou um produto nas redes sociais e nas comunidades on-line. Essas ferramentas filtram conversas sociais desestruturadas, gerando inteligência sobre o cliente na forma de palavras-chave, tendências emergentes, opiniões polarizadoras, sentimentos em relação a marcas, visibilidade de campanhas, aceitação de produtos e respostas de concorrentes. Esses dados também são enriquecidos pelo *geotagging*, que permite à empresa rastrear ideias por região ou por localização.

As empresas também precisam rastrear mudanças no comportamento do consumidor, que se refletem no tráfego e nas transações. Elas podem acompanhar a jornada do cliente em seu site e analisar em tempo real as compras de e-commerce. Nas empresas com ativos físicos, os dados mais comumente avaliados são os do ponto de venda (PDV) quando uma unidade de controle de estoque (SKU) específica vem ganhando impulso no mercado. Usando etiquetas RFID nos produtos, as empresas podem obter um retrato melhor da jornada pré-compra do cliente. Os varejistas podem avaliar, por exemplo, quanto tempo o cliente leva para tomar a decisão antes de comprar um produto e a jornada que ele segue até esse produto chegar ao caixa.

Quando há consentimento, as etiquetas RFID também podem atuar como vestíveis para rastrear os movimentos do consumidor, melhorando a experiência do cliente. A Disney embute RFID em suas pulseiras Magic Bands para rastrear os movimentos do visitante nos parques temáticos. A Clínica Mayo usa RFID na pulseira dos pacientes e nos crachás dos funcionários com o mesmo objetivo. As empresas B2B usam o rastreamento RFID para gerir sua logística e otimizar a cadeia de abastecimento.

Esses dados de tráfego e transações são úteis para analisar rapidamente a relação de causa e efeito entre campanhas e resultados, ou entre lançamentos de produtos e vendas. Em outras áreas, o objetivo é encontrar o melhor encaixe entre produto e mercado. A métrica do sucesso precisa ser relevante e viável para que as empresas saibam com exatidão o que é necessário refinar nas campanhas ou nos produtos. A análise de dados em tempo real permite às empresas fazer experiências e obter validação rápida para os aprendizados.

Como estabelecer equipes descentralizadas

O marketing ágil exige diversas equipes pequenas para cuidar de coisas diferentes. As equipes se valem das ideias geradas pela análise em tempo real. No marketing ágil atribui-se a cada grupo uma tarefa específica e um prazo para execução. Isso ajuda a avaliar as equipes. Esse modelo inspira-se no *scrum* – um método ágil que costuma ser usado no desenvolvimento de softwares. Entre as aplicações do método ágil no marketing podem estar a criação de uma nova experiência do cliente (CX), produtos inovadores, melhorias no processo de marketing, campanhas de marketing criativo e desenvolvimento de novos negócios.

Um dos maiores obstáculos ao marketing ágil são os feudos estanques. Muitas grandes empresas têm dificuldade em alinhar áreas diferentes com indicadores-chave de desempenho (KPIs, do inglês *key performance indicators*) conflitantes. Por isso cada equipe ágil deve ter membros interdisciplinares exclusivos, com especializações diversas: desenvolvimento de produto, marketing e tecnologia. Como os grupos são pequenos e o conjunto de objetivos é o mesmo, os feudos podem ser eliminados. Os funcionários se sentem mais engajados e têm ao mesmo tempo o sentimento de que seu trabalho é mais relevante.

Além de reduzir atritos, as equipes interdisciplinares são melhores para o debate de ideias, essencial em qualquer projeto de inovação. As equipes interdisciplinares também são indispensáveis para colocar em prática novas ideias. O profissional de marketing, por exemplo, desempenha um papel na interpretação de informações, ao passo que o profissional de engenharia ajuda a desenvolver protótipos operacionais. Cada equipe precisa dispor de todos os recursos necessários para atingir os objetivos de forma independente.

Os modelos tradicionais de tomada de decisões com um processo de aprovação multietapas também são pesados demais para o marketing ágil. É preciso que as decisões sejam tomadas com rapidez

– atrasos terão um impacto significativo sobre o resultado. Por isso as equipes precisam de autonomia e autoridade para tomar decisões descentralizadas no que estiver relacionado à sua missão. Esse modelo flexível exige um comprometimento firme da alta direção. O papel da direção sênior no marketing ágil é monitorar a progressão, dar feedback em nível estratégico e orientar as equipes, dando-lhes liberdade ao mesmo tempo. O mais importante, porém, é que a cúpula executiva integre todos os projetos ágeis, alinhando-os com as metas globais da empresa.

Como desenvolver uma plataforma de produtos flexível

A razão mais significativa para a alta produtividade das equipes ágeis é que elas não começam os novos projetos do zero. Em vez disso, cada novo produto se origina da mesma base, que recebe o nome de plataforma. Quando o cliente avalia um produto específico, por exemplo, ele não o ama nem o odeia por completo. Pode não gostar de alguns elementos e ao mesmo tempo desejar outros. Portanto, tudo – características do produto, componentes do software, pontos de contato da CX ou design criativo – é projetado para ser modular e em camadas. A base funciona como núcleo do produto, ao passo que os outros módulos podem ser montados de maneiras diferentes para criar um produto "aumentado".

As empresas de software, bem como as empresas digitais em geral, são por definição mais flexíveis e ágeis no desenvolvimento de produtos. Sem possuir ativos físicos, elas podem se adaptar melhor à volatilidade e às incertezas do mercado. Essa prática, embora tenha raízes nos produtos digitais, também é comum em empresas de hardware. No setor automotivo, por exemplo, é comum basear o desenvolvimento de produtos em um número reduzido de plataformas. Modelos diferentes de automóveis, com estilos diferentes e até de marcas diferentes, podem usar a mesma plataforma. A lógica por trás dessa prática é a economia de custos e a padronização global dos processos de fabricação. Assim as montadoras conseguem manter o preço baixo e ao mesmo tempo oferecer variações de design customizadas, atendendo a diferentes preferências do mercado.

Em alguns casos as empresas mudam seu modelo de negócios – migrando da posse de ativos físicos para os serviços digitais – a fim de aumentar a agilidade. Produtos de hardware e software têm ciclos de venda mais longos, já que o cliente não faz upgrades frequentes, a menos que as melhorias sejam significativas. Por esse motivo, o marketing ágil pode não ser tão útil. É por isso que as empresas de tecnologia passaram a oferecer a assinatura de serviços em vez da venda de software e hardware corporativos. Com esse novo modelo de receita, conseguem proporcionar produtos bem integrados entre si e constantemente atualizados.

Com a plataforma de produtos flexível, as equipes ágeis podem fazer experiências rapidamente com diversas configurações até obter o retorno mais favorável do mercado. O mais importante é que as plataformas de produtos e os componentes modulares permitem que as empresas façam customizações de massa. O cliente pode escolher uma configuração individual para todo tipo de produto, como *frozen yogurt*, calçados e laptops.

Como desenvolver processos simultâneos

Projetos inovadores costumam seguir um modelo *em cascata*, ou de estágios, em que cada etapa, da idealização ao lançamento, segue uma sequência. Ao fim de cada estágio há um *checkpoint*. Portanto, o processo não pode avançar para a fase seguinte antes do término da anterior. A multiplicidade de *checkpoints* torna esse método demorado.

No marketing ágil esse modelo é substituído pelo método simultâneo, no qual diferentes estágios correm paralelamente. Além do evidente ganho de velocidade, o processo simultâneo traz outro benefício importante. O modelo em cascata não é adequado para projetos de grande escala e de longo prazo, nos quais um erro descoberto no final do processo pode exigir o recomeço de toda a sequência. O modelo estruturado também é muito rígido e não permite alterações relevantes depois de iniciado. O processo simultâneo é a solução para essas questões.

Por não ser sequencial, cada etapa da inovação – design, produção, apresentação – é levada em consideração ainda no início do processo. O trabalho também é subdividido em fluxos menores, com prazos mais curtos. Assim problemas em potencial podem ser identificados e corrigidos antes que a inovação já esteja totalmente enraizada no desenvolvimento.

No entanto, o processo simultâneo também apresenta algumas dificuldades a serem superadas. O risco mais relevante ocorre durante a integração dos fluxos de trabalho. Uma coordenação constante dentro das equipes e entre elas é crucial para assegurar que os fluxos sejam compatíveis e estejam alinhados. É preciso comunicar cada acréscimo e alteração em um fluxo de trabalho, para que os ajustes devidos possam ser feitos nos outros. As equipes ágeis precisam realizar reuniões rápidas diariamente, para fins de coordenação. Por ser uma reunião breve, a tomada de decisões tem que ser rápida. Aqueles que não estão acostumados com o marketing ágil podem sentir certa dificuldade em fazer isso.

No marketing ágil as fases de desenvolvimento também são realizadas em paralelo com a experimentação. Equipes ágeis nunca esperam pelos testes de mercado de uma versão recentemente concluída. Em vez disso, elas seguem em frente para a nova versão. Assim, para que um teste de mercado influencie o desenvolvimento da versão seguinte, é preciso que ele seja realizado rapidamente entre a criação das versões.

Como realizar experimentações rápidas

A experimentação rápida é um dos elementos mais importantes do marketing ágil. Tradicionalmente, os testes de conceito se baseiam em pesquisas de mercado pré-lançamento. Esses estudos pré-lançamento focam na descoberta de sacadas sobre o cliente, que se transformam na base para o desenvolvimento de novos produtos ou ideias de campanhas. Essas ideias são então apresentadas a um grupo de pesquisados em testes de conceito. Como esses conceitos são hipotéticos e muitas vezes ainda não possuem um protótipo operacional, os pesquisados sentem dificuldade para imaginar o produto final. Isso poderia introduzir um viés no teste conceitual. Além disso, sempre transcorre algum tempo até que saia o resultado, fazendo com que seja tarde demais para realizar alterações.

No marketing ágil, porém, produtos autênticos são produzidos em pequenas quantidades e vendidos a clientes autênticos, com base no método enxuto das startups. Uma versão precoce do produto, apenas com as características básicas para o lançamento, é chamada de mínimo produto viável (MVP, do inglês *minimum viable product*). É importante observar que a definição de *produto* é ampla, pois pode incluir um produto de fato, uma nova experiência do usuário ou interface de usuário ou uma ideia de campanha. É essencial lançar o MVP o mais rapidamente possível para que a empresa possa começar a tirar lições para melhorias futuras e "aumento" do produto.

A experimentação rápida permite que a empresa faça seu aprendizado em um ambiente controlado. As experiências são isoladas em regiões geográficas específicas, para que a empresa possa fazer a contenção de danos e a gestão de riscos com segurança. Várias versões podem ser criadas, refinando continuamente o produto ao longo do tempo. Além disso, a análise de dados em tempo real possibilita que a empresa meça a aceitação do mercado instantaneamente, antes do lançamento da versão seguinte ou do aumento da produção.

Realizar experiências não é só uma questão de insistir com a ideia original ou ir fazendo melhorias contínuas, mas pequenas. Em alguns casos há versões com aceitação tão baixa do mercado que a equipe ágil deve estar pronta para mudar radicalmente o rumo do projeto. Ideias recém-descobertas extraídas da análise de dados também podem alterar a direção do projeto. No marketing ágil isso é chamado de *pivô*. Fazer um pivô é complicado, porque exige que a equipe volte à prancheta e repense os problemas ou as oportunidades. A capacidade de fazer um pivô rapidamente quando as coisas não saem conforme o desejado é considerada em geral a maior diferença entre as organizações tradicionais e as organizações ágeis.

Como aderir à "inovação aberta"

Embora centrado em equipes, o método ágil não significa que as empresas precisem fazer tudo internamente. Para reduzir o tempo de chegada ao mercado, elas devem fazer uso tanto de recursos internos quanto externos. O conceito de *inovação aberta* – termo cunhado por Henry Chesbrough – está em linha com o marketing ágil. Trata-se de um método que permite à empresa ter acesso a um banco global de ideias, soluções e talentos especializados. Além disso, com esse modelo, a empresa não precisa criar um laboratório próprio de inovação ou pesquisa ou um centro de desenvolvimento, que exigem uma estrutura de custos maior.

Hoje as empresas estão abrindo seus processos de inovação, usando abordagens tanto de dentro para fora quanto de fora para dentro. Grandes empresas adotam o código aberto de tecnologias que elas mesmas criaram a portas fechadas para o mundo exterior. Dessa forma, uma comunidade global de desenvolvedores pode fazer essas tecnologias evoluírem, devolvendo à fonte esses aprimoramentos. O Google abriu o código, por exemplo, do TensorFlow, seu avançado motor de inteligência artificial (IA).

As empresas também passaram a aceitar ideias de redes externas. A coautoria do cliente e a colaboração de terceiros se revelaram formas de acelerar e melhorar a qualidade da inovação. As empresas podem aderir a ideias externas de várias maneiras. A mais comum são os desafios da inovação aberta. As empresas podem postar publicamente os problemas que enfrentam, pedindo sugestões. A Singapore Airlines busca soluções digitais para redefinir sua experiência do cliente por meio da AppChallenge. O Campeonato da Inovação, da seguradora Zurich, procura ideias de tecnologia para o setor de seguros, entre elas aplicações de IA e processamento de linguagem natural (PLN).

Outro jeito de acumular soluções externas é por meio de uma plataforma on-line de inovação aberta. Uma dessas plataformas é a InnoCentive, que atua como ponte entre quem busca inovação e uma rede de solucionadores em troca de recompensas em dinheiro. As empresas podem montar a própria rede de parceiros de inovação externa. Um exemplo notório é a Connect+Develop, da P&G, uma plataforma que ajuda a empresa a gerir parcerias com inovadores e detentores de patentes.

O maior desafio no uso do modelo de inovação aberta é alinhar as equipes ágeis com os parceiros de inovação. As equipes ágeis costumam atuar em uma única localização física, para garantir uma colaboração próxima em um prazo limitado. A inovação aberta exige que as equipes ágeis colaborem com terceiros externos, criando um modelo ágil distribuído.

A gestão de projetos de marketing ágil

A aplicação dos princípios ágeis na gestão de projetos de marketing exige uma documentação rápida e concisa. Uma planilha de uma só página ajuda as equipes ágeis a manter em mente o andamento de projetos de marketing específicos (ver Figura 12.2). Como a coordenação é crucial nos sistemas ágeis, esse documento também serve como ferramenta de comunicação para registrar cada progresso individual em cada ciclo.

O documento precisa conter vários elementos essenciais. O primeiro é a seção de exigências do mercado, que relaciona os problemas a serem resolvidos e as oportunidades de melhoria com base em informações em tempo real. Soluções e novas versões que forem propostas também precisam ser bem documentadas, sobretudo a de-

PLANILHA DE MARKETING ÁGIL

Iniciativa de marketing	Renovar a experiência do cliente nos pontos de contato de vendas
Fluxo de trabalho	Desenvolver um *chatbot* gerador de *leads*
Ciclo	1.0
Prazo	Semana de 1 a 4 de julho

Equipe

Bill (depto. de vendas)
Lea (depto. de atendimento ao cliente)
John (depto. de marketing)
Arianna (depto. de telemarketing)
Taylor (depto. de TI)

Exigências do mercado

PROBLEMA DO CLIENTE
- Tempo médio de resposta a demandas no site: 48 horas

PROBLEMA INTERNO
- Demandas recebidas por mês: 5.000
- Equipe administrativa: 2
- *Leads* qualificados por mês: 500
- Tipos de demanda: 57% relacionadas ao produto; 11% pedidos de demonstração

Soluções/Melhorias

MÍNIMO PRODUTO VIÁVEL
- Baseado na atual plataforma *chatbot*
- *Chatbot* conversacional com resposta instantânea
- Capaz de responder a 50% das demandas relacionadas ao produto

MÉTRICAS E OBJETIVOS-CHAVE
- Usuários únicos do *chatbot* no primeiro mês: 1.000
- Número de *leads* qualificados no primeiro mês: 200

Tarefas	Quando	Quem
Comparar e escolher a plataforma	Semana 1	Taylor
Elaborar as respostas das FAQ	Semanas 1-2	Bill
Projetar o fluxo de conversação	Semanas 2-3	Lea
Criar os *storyboards*	Semanas 2-3	John
Criar a versão beta	Semanas 3-4	Taylor
Lançar a versão beta	Semana 4	Taylor

Resultados dos testes de mercado

MÉTRICAS E OBJETIVOS-CHAVE
- Usuários únicos de *chatbot* no primeiro mês: 500
- Número de *leads* qualificados no primeiro mês: 50

FEEDBACK
- Posição do *chatbot* no site sem destaque; visitantes não notam o *chatbot*
- Média de interações por usuário: 2,3; acrescentar às métricas e objetivos-chave
- Necessidade de acrescentar mais exemplos com agendamento automatizado de demonstração como próxima prioridade

Figura 12.2 Exemplo de planilha de marketing ágil

finição do mínimo produto viável. A planilha também precisa conter as tarefas essenciais, bem como o cronograma e o nome do encarregado. Por fim, também é necessário documentar os resultados dos testes de mercado, que serão úteis para a versão seguinte.

Uma planilha deve ser redigida para cada ciclo ou versão e distribuída a todas as partes envolvidas. Mas o processo de documentação não pode nunca se tornar um fardo burocrático para a equipe. O propósito é alinhar os objetivos às ações e aos resultados em todos os projetos de marketing.

Resumo: Como executar operações maiores e mais rápidas

Em vários setores o ciclo de vida dos produtos está ficando mais curto, impulsionado pelas mudanças constantes nas expectativas do consumidor e pela proliferação de novos produtos. Esse fenômeno também está influenciando a experiência do cliente, que pode rapidamente se tornar obsoleta.

Os modelos tradicionais de planejamento de marketing e gestão de projetos não se adequam a esse novo cenário. A estratégia de marketing de longo prazo deixou de ser relevante. O método de inovação em cascata ou em estágios é considerado lento demais. Sempre conectados, os consumidores exigem que as empresas acompanhem com flexibilidade, o que pede o método de marketing ágil. A estabilidade operacional também precisa ser complementada pelo marketing ágil, que se torna o catalisador do crescimento.

A execução do marketing ágil demanda vários componentes. A análise de dados em tempo real permite que a empresa obtenha rapidamente informações úteis sobre o mercado. Com base nessas ideias recém-descobertas, as iniciativas de marketing são projetadas e desenvolvidas em pequenas levas, e de maneira progressiva, por equipes ágeis descentralizadas. Essas equipes utilizam uma plataforma flexível e processos simultâneos para elaborar um mínimo produto viável. Essa versão do produto é então testada por meio de experimentação rápida. Para acelerar ainda mais esse processo, as empresas devem pedir a "inovação aberta" e fazer uso de recursos tanto internos quanto externos.

PERGUNTAS PARA REFLEXÃO

- Avalie a agilidade da sua organização. Quais são os obstáculos na implementação do marketing ágil nela?
- Quais são as iniciativas de marketing que você pode elaborar e desenvolver em sua organização usando o marketing ágil? Aplique todos os componentes e use a planilha de marketing ágil.

Agradecimentos

Os autores gostariam de agradecer à equipe de líderes da MarkPlus, Inc., que passou incontáveis horas em *brainstormings* com os autores: Michael Hermawan, Jacky Mussry, Taufik, Vivie Jericho, Ence, Estania Rimadini, Yosanova Savitry e Edwin Hardi.

Um agradecimento muito especial a Richard Narramore, da Wiley, pela visão e pelo compromisso permanente com a série Marketing X.0. Sem Richard, a publicação desses livros não teria sido possível. Gostaríamos ainda de agradecer à equipe editorial da Wiley – Deborah Schindlar, Victoria Anllo e Linda Brandon – pela excepcional colaboração durante o desenvolvimento de *Marketing 5.0*.

CONHEÇA OS LIVROS DE PHILIP KOTLER

Marketing 4.0

Os 10 pecados mortais do marketing

Marketing 5.0

8 estratégias de marketing para crescer

Marketing empreendedor

CONHEÇA ALGUNS DESTAQUES DE NOSSO CATÁLOGO

- Augusto Cury: Você é insubstituível (2,8 milhões de livros vendidos), Nunca desista de seus sonhos (2,7 milhões de livros vendidos) e O médico da emoção
- Dale Carnegie: Como fazer amigos e influenciar pessoas (16 milhões de livros vendidos) e Como evitar preocupações e começar a viver
- Brené Brown: A coragem de ser imperfeito – Como aceitar a própria vulnerabilidade e vencer a vergonha (900 mil livros vendidos)
- T. Harv Eker: Os segredos da mente milionária (3 milhões de livros vendidos)
- Gustavo Cerbasi: Casais inteligentes enriquecem juntos (1,2 milhão de livros vendidos) e Como organizar sua vida financeira
- Greg McKeown: Essencialismo – A disciplinada busca por menos (700 mil livros vendidos) e Sem esforço – Torne mais fácil o que é mais importante
- Haemin Sunim: As coisas que você só vê quando desacelera (700 mil livros vendidos) e Amor pelas coisas imperfeitas
- Ana Claudia Quintana Arantes: A morte é um dia que vale a pena viver (650 mil livros vendidos) e Pra vida toda valer a pena viver
- Ichiro Kishimi e Fumitake Koga: A coragem de não agradar – Como se libertar da opinião dos outros (350 mil livros vendidos)
- Simon Sinek: Comece pelo porquê (350 mil livros vendidos) e O jogo infinito
- Robert B. Cialdini: As armas da persuasão (500 mil livros vendidos)
- Eckhart Tolle: O poder do agora (1,2 milhão de livros vendidos)
- Edith Eva Eger: A bailarina de Auschwitz (600 mil livros vendidos)
- Cristina Núñez Pereira e Rafael R. Valcárcel: Emocionário – Um guia lúdico para lidar com as emoções (800 mil livros vendidos)
- Nizan Guanaes e Arthur Guerra: Você aguenta ser feliz? – Como cuidar da saúde mental e física para ter qualidade de vida
- Suhas Kshirsagar: Mude seus horários, mude sua vida – Como usar o relógio biológico para perder peso, reduzir o estresse e ter mais saúde e energia